桥梁工程施工关键技术

冯大阔　叶雨山　卢海陆　编著

中国建筑工业出版社

图书在版编目（CIP）数据

桥梁工程施工关键技术/冯大阔，叶雨山，卢海陆编著.—北京：中国建筑工业出版社，2024.3
ISBN 978-7-112-29590-6

Ⅰ.①桥… Ⅱ.①冯…②叶…③卢… Ⅲ.①桥梁施工—工程施工 Ⅳ.①U445.4

中国国家版本馆CIP数据核字（2024）第019283号

责任编辑：高 悦 张 磊
责任校对：赵 力

桥梁工程施工关键技术
冯大阔 叶雨山 卢海陆 编著

*

中国建筑工业出版社出版、发行（北京海淀三里河路9号）
各地新华书店、建筑书店经销
北京点击世代文化传媒有限公司制版
建工社（河北）印刷有限公司印刷

*

开本：787毫米×1092毫米 1/16 印张：13½ 字数：280千字
2024年4月第一版 2024年4月第一次印刷
定价：**68.00元**
ISBN 978-7-112-29590-6
（42312）

版权所有 翻印必究
如有内容及印装质量问题，请与本社读者服务中心联系
电话：（010）58337283 QQ：2885381756
（地址：北京海淀三里河路9号中国建筑工业出版社604室 邮政编码：100037）

本书编委会

EDITORIAL BOARD

主　　编：冯大阔　叶雨山　卢海陆
副主编：毋存粮　王　耀　杜广辉　卢春亭　何海英
　　　　张新献　张体浪　李芒原　鲁万卿　陈　静
编　委：胡　彬　孟庆鑫　曾凤娟　吴靖江　王　刚
　　　　陈小羊　闫亚召　徐洪广　尹贺军　姚　兵
　　　　张书锋　叶家彬　吴维国　谢品翰　张朝阳
　　　　程晟钊　周支军　林世龙　张晓川　高宇甲
　　　　冯煜楠　徐立生　王清山　韩明涛　马石磊
　　　　刘嘉欣　李　勋　程　宏　乔同瑞　徐　镭
　　　　许百胜　张　昊　白　皓　钱　锐　张春然
　　　　甘东情　王成建　张栋翔　乔海洋　刘　翔
　　　　王承林　田　为　赵　展　沈世豪　张　辉
　　　　倪堂超

序

PREFACE

一桥飞架南北，天堑变通途。桥梁，自古就是人们横跨山谷、越过河川的重要工具，它实现了人们与世界互通互联的愿望和憧憬。在人类发展的漫漫长河中，桥梁的发展史就是人类不断征服自然、创造文明的辉煌历史。随着社会经济的高速发展，克服环境障碍、拓展生存空间的力度更加深入，在特殊地貌下建设桥梁工程的需求更加迫切，桥梁向更长、更高的方向发展，因此对桥梁施工技术提出了更高要求，桥梁建设迎来了新的挑战。

近年来，中国建筑第七工程局有限公司（简称中建七局）建造了一批结构新颖、技术复杂的桥梁，相继荣获鲁班奖、詹天佑奖、国家优质工程奖，积累了丰富的工程实践经验。在全面梳理承建的大量桥梁项目，尤其是鲁班奖、詹天佑奖、省部级以上优质工程等典型的桥梁工程基础上，筛选具有典型和借鉴意义的技术和工程，形成清晰的编写脉络和行文章节，编纂了《桥梁工程施工关键技术》一书。该书的编纂是一个良好的契机，将相关技术和案例总结与分享，既是自身的不断回顾完善，又可给行业同仁提供参考、学习、交流的机会。

该书主要介绍了桥梁围堰工程、基础工程、墩台工程、盖梁工程、桥跨结构等关键施工技术，涵盖桥梁建设的关键环节，具有较强的逻辑性、系统性和鲜明的企业特色。大量的关键技术总结于实际工程，并在实际工程中发挥重大作用；工程项目实践赋予技术以活力和生命力，技术在实践中得到不断淬炼和提升。最后介绍了国道310洛三界至豫陕界段南移工程、台州湾大桥、兰州市元通黄河大桥等综合案例，将多项技术融入实际工程案例中，为技术的应用和创新创效提供了鲜活的案例。

该书以施工技术为主线，以综合案例为特色，逻辑清晰，内容全面，具有较强的实操性和借鉴性，是一本可以指导桥梁工程施工的专业书籍。该书能给初学者以全面的认知，使其对桥梁各分部工程施工有所了解和掌握；同时也可给从业者提供借鉴和参考，提升其桥梁施工的能力和水平。希望该书的出版，可以促进桥梁工程施工技术进步，共同促进桥梁事业的发展。

前 言
FOREWORD

随着我国经济的高速发展,交通建设事业突飞猛进,特别是桥梁的建设速度和规模更是举世瞩目。21 世纪人类新建的世界前 100 名高桥中,我国占 90 座;我国桥梁以舍我其谁的姿态傲立于世界桥梁之林。近年来,中建七局紧抓大基建、新基建等重大机遇,将基础设施业务作为转型升级的重要支撑,业务占比连年提升,逐渐发展成工程局重要的业务类型。一批结构新颖、技术复杂、施工难度大、科技含量高的桥梁相继荣获鲁班奖、詹天佑奖、国家优质工程奖,成为闪亮的名片,凸显了桥梁建造水平,奠定了在桥梁领域的重要地位。倾注、总结、凝练、提升、集成桥梁工程关键技术,其时已至,其势已成!《桥梁工程施工关键技术》是对工程局多年桥梁工程建设的真实写照,是对千余项桥梁工程建造工艺的系统回顾,是对铢积寸累科技成果的全面分享。

施工关键技术来源于现场,服务于项目,全面梳理中建七局历年桥梁项目,尤其是鲁班奖、詹天佑奖、省部级以上优质工程等典型的桥梁工程,以项目为依托对施工工艺、技术操作进行总结。同时,汇聚桥梁领域具有自主知识产权的科技进步奖、省部级以上工法、发明专利等科技成果,在建造过程中发挥着积极的作用,为桥梁建设增添了鲜明的七局特色。在自有项目和成果基础上,搭建清晰的编制脉络和行文章节,最终形成了以系统技术为主线框架,以工程项目为案例解析的《桥梁工程施工关键技术》。

本书分为 7 章,第 1 章绪论介绍了桥梁工程及其施工技术的发展历程和发展趋势。第 2~6 章遵循桥梁建设的顺序进行编排,其中,第 2 章结合中建七局实施的多种围堰施工案例和经验,介绍钢板桩围堰、钢吊(套)箱围堰、双壁钢围堰、锁扣钢管桩围堰等形式,包含了大潮差海域异形承台钢吊箱围堰施工等特色技术;第 3 章主要介绍在溶洞区、裂隙陷穴区、高强度基岩、卵石地层等特殊地质条件下桩基施工的特色技术;第 4 章重点介绍定型钢模、高墩翻模、高墩爬模、高墩滑模等关键技术,比如典型工程山岭重丘区黄土地质条件下超高墩桥梁中运用的模板施工及养护技术;第 5

章阐述倒梯形、门式、大悬臂等类型盖梁施工；第 6 章主要介绍预制梁安装、节段梁拼装、支架现浇施工等施工技术，作为桥梁施工的重要环节；第 7 章介绍金丽温高速公路工程、国道 310 洛三界至豫陕界段南移工程、台州湾大桥工程、洛阳 G310 吉利黄河特大桥工程、兰州元通黄河大桥工程、孝感白水湖大桥工程六个综合案例，将部分关键技术集成融入其中。

本书以中建七局多年桥梁工程为依托和核心，凝聚了几代人的心血和汗水，借以此书向奋斗在一线的桥梁建设者表达崇高的敬意。本书得到国家自然科学基金面上项目（52079126）的资助，愿此书给行业同仁以借鉴和启迪。鉴于时间和能力有限，关键技术存在不足之处敬请批评指正，愿共同为桥梁技术的发展作出贡献。

2023 年 10 月

目 录
CONTENTS

第1章 绪论 ············· 001

　1.1 桥梁工程发展概述 ············· 002
　1.2 桥梁工程施工技术发展概述 ············· 004
　1.3 桥梁工程施工技术发展趋势 ············· 005

第2章 围堰工程施工关键技术 ············· 009

　2.1 钢板桩围堰施工关键技术 ············· 010
　2.2 钢吊（套）箱围堰施工关键技术 ············· 014
　2.3 双壁钢围堰施工关键技术 ············· 018
　2.4 锁扣钢管桩围堰施工关键技术 ············· 021
　2.5 土石过水围堰施工关键技术 ············· 026

第3章 基础工程施工关键技术 ············· 031

　3.1 东海强潮汐区冲海积地质深长桩施工关键技术 ············· 032
　3.2 沿海深层淤泥半护筒（可回收）施工关键技术 ············· 035
　3.3 溶洞区全护筒灌注桩施工关键技术 ············· 039
　3.4 裂隙陷穴区预注浆灌注桩施工关键技术 ············· 042
　3.5 卵石地层冲击钻成孔灌注桩施工关键技术 ············· 044
　3.6 现浇承台大体积混凝土施工关键技术 ············· 049
　3.7 装配式承台施工关键技术 ············· 055

第4章 墩台工程施工关键技术 · 061

- 4.1 墩柱定型钢模施工关键技术 · 062
- 4.2 高墩翻模施工关键技术 · 066
- 4.3 高墩液压爬模施工关键技术 · 069
- 4.4 高墩滑模施工关键技术 · 077
- 4.5 装配式墩柱施工关键技术 · 083
- 4.6 高墩季节性养护关键技术 · 088

第5章 盖梁施工关键技术 · 099

- 5.1 倒梯形盖梁施工关键技术 · 100
- 5.2 门式盖梁施工关键技术 · 103
- 5.3 大悬臂盖梁施工关键技术 · 107
- 5.4 装配式盖梁施工关键技术 · 112

第6章 桥跨结构施工关键技术 · 121

- 6.1 预制梁安装关键技术 · 122
- 6.2 节段梁拼装关键技术 · 126
- 6.3 支架现浇梁施工关键技术 · 140
- 6.4 移动模架逐孔现浇梁施工关键技术 · 147
- 6.5 悬臂浇筑梁施工关键技术 · 152
- 6.6 钢箱梁安装关键技术 · 164

第7章 工程案例 · 169

- 7.1 金丽温高速公路工程 · 170
- 7.2 国道310洛三界至豫陕界段南移工程 · 177
- 7.3 台州湾大桥工程 · 183
- 7.4 洛阳G310吉利黄河特大桥工程 · 189
- 7.5 兰州元通黄河大桥工程 · 195
- 7.6 孝感白水湖大桥工程 · 202

第 1 章 绪论

1.1 桥梁工程发展概述

桥梁为跨越山涧、不良地质或满足其他交通需要而架设的使通行更加便捷的建筑物,是交通线路的重要组成部分。在世界上各种文化类型中桥都被认为是优美的文化符号,它象征着连接、沟通、对话、跨越和通达,象征着美与和谐。逢山开路,遇水架桥。桥是路的一种特殊空间形态,隐现于园林,横跨于河川,飞架于沟壑,交织于街市,其形如月如钩,如凳如琴,如蛟龙入海,如长虹卧波,千姿百态,美不胜收。

从人类文明发展伊始,各种类型的桥梁逐渐出现在世界各地。早期的桥梁,多采用木材和砖、石等圬工材料,形式以拱桥、梁桥居多;在一些高山峡谷地区,还出现了以竹材、藤材修建的竹索桥、藤索桥。古代桥梁,体现了当时建造者的高超技艺,历经千百年屹立不倒,并仍然能够通行使用,现存于我国河北省赵县的赵州桥(安济桥)就是其中最著名的代表(图1.1-1)。河南光山县泼陂河永济桥(图1.1-2),是河南省最大最长的古代联拱石桥,并入选第七批全国重点文物保护单位,该桥始建于明代,为典型的联拱石桥,全部由雕凿过的花岗石条构成,建筑结构严谨,造型美观。

图 1.1-1 赵州桥

图 1.1-2 永济桥

改革开放40余年是我国桥梁建设发展的黄金时期。在遵循技术发展的一般规律以及走"集成—发展—创新"之路的基础上,我国桥梁工程经历了三个阶段——20世纪80年代的学习与追赶、20世纪90年代的跟踪与提高以及21世纪以来的创新与超越发展阶段。

20世纪80年代,作为现代梁桥的分支——连续刚构、斜腿刚构等新桥型取得了突破性进展。1981年,我国当时跨径最大的预应力混凝土斜腿刚构桥——浊漳河桥建成,此桥跨越两岸陡峭的浊漳河,主跨达到82m。1988年,在广东省广州市郊建成的洛溪大桥长 1916.04m，为四孔一联三向预应力混凝土连续刚构桥，最大跨径 180m，桥面净宽 15m，该桥的建设既吸取了数十座 T 形刚构桥的经验，又借鉴了国外同类桥梁的成熟技术，在当时居亚洲同类桥型首位。1987 年，在四川相继建成巫山龙门桥和涪陵乌江桥两座上承式箱形拱桥，跨径达到 122m 和 200m。我国第一座突破跨径 200m 的斜拉桥是 1982 年建成的上海泖港大桥，几乎同时，济南黄河大桥将我国斜拉桥的跨径提高到 220m，此后斜拉桥成为我国大跨径桥梁的首选桥型。重庆市石门大桥为独塔斜拉桥，两侧跨径为 230m、200m，在当时居同类型桥梁世界之首，设计和施工技术日臻成熟。

20 世纪 90 年代，我国桥梁紧跟世界脚步，1997 年 6 月建成通车的虎门大桥的桥型为三跨预应力混凝土连续刚构箱形梁，其主航道桥以 888m 的跨度在当时居全国悬索桥之首，辅航道桥则更以 270m 的跨径一举夺得连续刚构桥当时的世界纪录。1995 年建成的贵州省瓮安县江界河大桥，首次突破了我国混凝土拱桥跨径 300m 大关，一举成为当时世界最大的桁式组合拱桥。1991 年，上海南浦大桥建成，跨径达到 423m；两年以后，上海杨浦大桥实现了斜拉桥跨径 600m 的突破。到 2000 年，我国建成的跨径 600m 以上的斜拉桥就有 4 座；除杨浦大桥外，还有福建省青州闽江大桥、武汉白沙洲长江大桥、南京长江第二大桥，跨径分别为 605m、618m 和 628m。在世界最大跨径的 10 座斜拉桥中，有 6 座在我国，我国也是世界上建造斜拉桥最多的国家。1995 年，我国第一座现代大跨径悬索桥广东省汕头海湾大桥建成，以 452m 的跨径吹响了我国大跨径悬索桥建设的号角。仅仅一年，西陵长江大桥就将这一纪录提高到 900m。1997 年，香港青马大桥又实现了新的跨越，以 1377m 的跨径雄居我国桥梁跨径之首。1999 年，江阴长江大桥又以 1385m 的跨径傲视桥林。我国悬索桥 4 年实现 3 次飞跃。

进入 21 世纪以来，我国各类型桥梁成就卓越。青岛胶州湾大桥长 36.48km，投资近 100 亿元人民币，于 2011 年 6 月正式运营通车。青岛胶州湾大桥于 2011 年 9 月被美国《福布斯》评为"全球最佳桥梁"。世界最长的跨海大桥——港珠澳大桥是我国境内一座连接中国香港、广东珠海和中国澳门的桥隧工程，因其超大的建筑规模、空前的施工难度以及顶尖的建造技术而闻名世界。杭州湾跨海大桥全长共 36km，是继我国港珠澳大桥、美国庞恰特雷恩湖桥和青岛胶州湾大桥之后，世界第 4 长的跨海大桥。北盘江大桥，桥长 1341.4m，桥高 565m。北盘江大桥在全球十大桥梁排名中排第一，它的高度相当于 200 多层楼高，而国外最高的大桥要比它矮 100 多米。2018 年，北盘江大桥获得了桥梁界的诺贝尔奖——古斯塔夫斯金奖。

我国也建设了马来西亚槟城二桥、巴拿马运河三桥和奥克兰新海湾大桥等许多国际知名桥梁工程。这些工程荣获了国际咨询工程师联合会（FIDIC）"百年重大土木工程项目杰出奖"、美国土木工程师学会（ASCE）"杰出土木工程成就奖"和国际桥梁与结构工程协会（IABSE）"杰出结构工程奖"等著名国际大奖。这些奖项标志着我国桥梁产业的快速发展，赢得了国际桥梁界的肯定和认可，我国桥梁工程已逐渐走向世界舞台中心。

随着科学技术的不断进步和社会生产力的不断提高，作为精神文明和物质文明的载体，桥梁建设蓬勃发展。我国的道路桥梁如一条条"巨龙"腾空在世界上空，辉煌而耀眼，彰显了我国精益求精的工匠精神、世界领先的建造能力以及日益增长的综合国力。

1.2 桥梁工程施工技术发展概述

我国在桥梁建造技术上有着悠久的历史和光辉的成就，根据史料考证，在三千年前的周文王时期，就有在渭河上架设浮桥和建造粗石桥的文字记载。隋、唐时期是我国古代桥梁的兴盛年代，其间在桥梁形式、结构构造方面有着很多创新，可谓"精心构思，丰富多姿"。宋代之后，建桥数量大增，桥梁的跨越能力、造型和功能有所提高，桥梁施工技术日渐成熟。解放初期，我国改建和新建了数量可观的桥梁，使通车里程比1949年前有了成倍的增长，在此期间丰富了建造技术，储备了一定的施工经验。但由于起重设备的限制，装配式桥仅在简支梁桥上使用，其他类型桥梁的施工仍多采用土牛胎、竹木支架、拱架现浇或砌筑施工。

20世纪60年代中期，悬臂施工的方法从钢桥引入到预应力混凝土桥，摆脱了建造预应力混凝土梁桥只能采用预制装配和在支架上现浇施工的单一局面，促进了预应力混凝土桥梁结构的发展，相继有预应力混凝土T形刚构桥、连续梁桥、斜拉桥等结构如雨后春笋般地在全国各地出现，从而使预应力混凝土桥成为我国桥梁工程的主要类型。在南京长江大桥施工中，通过试验研究设计制造了一系列关键性的施工机具设备，创造了一些新的施工工艺，如管桩下沉、钻孔洗壁、循环压浆、悬拼调整、高强螺栓安装等，保证了工程高质量建成。

20世纪70年代以后，桥梁上部结构的施工方法迅速发展，并发生了重大变革。在钢筋混凝土桥梁的时代，主要是采用现场浇筑的施工方法。由于桥梁类型增加与跨径增大，构件生产的预制化，结构设计方法的进步、机械设备的发展，引起施工方法的创新，形成了多种多样的施工方法，主要有就地浇筑法、预制安装法、悬臂施工法、转体施工法、顶推法施工、移动模架逐孔施工法、横移法施工、提升与浮运施工等。

改革开放以来，特别是进入21世纪以后，专用桥梁施工机械逐步走向成熟，目前已经形成了产业化局面。专用架桥机、移动模架、龙门式起重机及其他专业设备，可以满足现有各种跨径与重量梁桥架设，大型陆地移动式起重机已经发展为百吨级甚至千吨级，大型浮吊的最大架桥能力也达到上万吨。这些设备的投入使用，使得桥梁施工特别是梁式桥施工从传统的桥位现浇工艺转变为工厂化批量预制、现场整体安装工艺，梁体施工质量得到了保证，工效得到了提高。同时，我国在桥梁高性能材料的研发和应用方面也取得了显著进展。在混凝土方面，超高性能混凝土（UHPC）和超韧性混凝土（STC）得到广泛应用；近年越来越重视通过提高混凝土材料性能来改善结构性能，多功能混凝土添加剂的发展也为高性能混凝土的应用提供了支撑。在缆索材料方面，高强度的钢丝、钢纹线已实现国产化并在工程中应用。在复合材料方面，FRP等复合材料在桥梁修复、加固和缆索等方面得到了应用。在智能材料方面，记忆合金、压电材料、光导纤维、智能自修复混凝土等新型材料在桥梁监测检测和加固改造工程中已逐步开展研究和应用。在检测技术方面，桥梁混凝土无损检测、钢结构桥梁疲劳裂纹探测、水下桩基础检测、高清摄像损伤识别、桥梁动静载试验检测等技术及缆索检查机器人、桥梁检查车等一系列检测装备桥梁检测手段不断丰富，检测精度和效率得到有效提高。目前，信息化已上升到国家战略，通过信息化技术可以显著提高桥梁的生产效率、性能水平和建养一体化能力，推动桥梁智能化、工业化水平的提升。桥梁信息化水平的提升将促进国家级桥梁建养一体化平台的建立，实现桥梁全寿命周期内各项数据的管理和桥梁状态的实时评估并保障交通安全。

我国已走出了一条自主建设和创新发展桥梁的成功道路，取得了一批自主创新成果，建成了一大批具有国际影响力的特大型桥梁，培养了一批桥梁领军人物和中青年技术专家，在世界上荣获了许多大奖，赢得了国际桥梁界的肯定和认可，为发展成为世界桥梁强国奠定了坚实的基础。

1.3 桥梁工程施工技术发展趋势

随着我国桥梁建设的发展与研究的深入，桥梁工程施工技术也得到了不断的发展和进步，可持续发展战略与技术的提高融入桥梁建设之中，使我国桥梁工程得到进一步创新与发展，新技术和新工艺也得到广泛应用，并呈现节能化、智能化、现代化的发展趋势。

1.3.1 建筑材料多元化

材料的进步对桥梁工程的促进是革命性的。木材、石材等天然材料，混凝土和钢材等人造材料在工业革命后成为土木工程的主要结构材料。在当下我国的桥梁工程施工过程中，材料的选择虽然比较多，但仍然还是以钢筋、混凝土为主要材料。但随着新材料的发展，未来的桥梁建设应采用高性能、高强度材料，这一发展趋势已基本成为共识。例如以铝合金、碳纤维、玻璃钢以及纳米材料等轻型材料正在桥梁建设中被逐渐使用，未来这些高强度的轻质材料将会广泛应用。

1.3.2　桥梁结构多样化

迄今为止，桥梁按照构造和受力体系可分为：刚架桥、拱桥、系杆拱桥、简支梁桥、连续梁桥、T构桥、斜拉桥、悬索桥。如我国古桥赵州桥、各种石拱桥、混凝土拱桥、钢管拱桥均属拱桥类；南京长江大桥、九江长江大桥、杭州钱江二桥等属连续梁桥类；美国旧金山的金门大桥、我国西陵长江大桥、汕头海湾大桥均属悬索吊桥类；武汉长江二桥、芜湖长江大桥、宜昌夷陵长江大桥等均属斜拉桥类。

目前，计算机技术的发展为桥梁结构的优化设计创造了条件，使桥梁设计人员可以对桥梁进行仿真分析，使不同材料的性能发挥到极致；依靠科技进步可使设计人员打破常规，采取特殊的结构措施，用最少的钱造出轻质、美观而实用的桥梁。如跨越地中海的直布罗陀海峡大桥采用浮桥方案，但不是传统意义上浮在水上的浮桥，而是将桥梁基础放在一个巨大的没于水中的水密舱上，水密舱锚定于海底；其上部结构即为常规桥梁，反吊桥结构形式开创了国际桥式之先河。再如，世纪之交我国推出的大跨转体钢管拱桥北盘江大桥，其桥梁结构形式在国际上也绝无仅有。可以预见，随着高强钢、玻璃钢、铝合金、碳纤维等太空轻质材料的大量启用，桥梁建筑的主要材料不断更新，桥梁结构的形式将呈现出多样化发展格局。

1.3.3　施工技术智能化

21世纪以来，新一代信息通信技术、"互联网+"技术、智能制造技术、人工智能技术等现代科技快速发展，也对各行各业转型升级、提高质量、改善服务、保障安全、保护环境等产生重大影响。当前，我国桥梁建设正由传统的建造方式，向工业化、数字化建造变革，未来还将融入先进的人工智能技术，向智能建造方向发展。例如，通过在桥梁内部设置通信系统与安全防范系统，实现对桥梁建设状态的实时监控；桥梁施工技术的智能化系统和安全防范系统能够真实地将施工状态呈现出来，以便管理者准确掌握施工现场动态，及时发现施工中的不足进而做出有效处理。智能建造高度契合了高质量发展模式的要求，也是克服传统建造不足的有效手段，这将是桥梁工程转型升级的发展趋势。

1.3.4　建设运营节能化

近年来，随着环保意识的加强，节能减排也成为社会的热点话题之一。桥梁工程建设与运营属于高能耗行业，其节能减排、环保与绿色建设的意义也日益凸显。因此，在桥梁的设计、建设与维护中，节能减排的理念被广泛应用。

首先，在桥梁建设中，应通过科学的设计和合理的选材来减少能源消耗。采用预制构件、全钢结构等新型建设技术和低碳节能的施工工艺，减少施工期间的油耗和碳排放。同时，选择低污染、高耐久、易回收的环保材料，提高桥梁的环保性能。其次，在桥梁运营中，也应加强管理和优化调度，减少空车行驶和拥堵时长，减少车辆尾气排放。合理分配载重，合理规划路线，减少对环境的负面影响。

未来，桥梁的节能、环保与绿色建设将面临日益严峻的挑战和更加严格的标准。同时，随着新技术的发展和应用，桥梁设计、建设和运营的效率将得到大幅提升，推动桥梁节能、环保和绿色建设的实现。

第 2 章 围堰工程施工关键技术

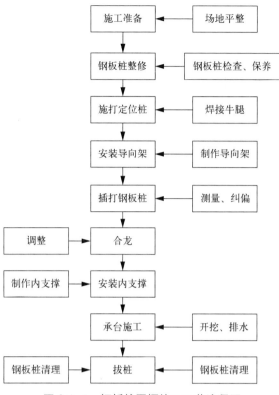

图 2.1-1 钢板桩围堰施工工艺流程图

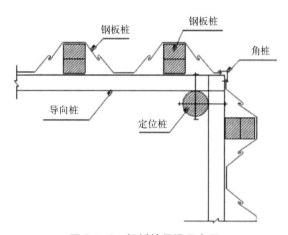

图 2.1-2 钢板桩导梁示意图

高布置,然后把第一道围檩的材料直接放到牛腿上,现场焊接成框架。

2. 钢板桩吊运插打、合龙

打入钢板桩的方法常采用锤击打桩法,也可采用振动打桩法和静压法。锤击法动力势能较大,可以打入坚硬的土层,但噪声较大,不适用于闹市区的桥梁施工。振动打桩法通过振动力将钢板桩送入土层,这种方法较为简便经济,目前已研发低振低噪声的机械施工。静压法的动力来源为液压静力作用,这种方法噪声很小,但较难穿透坚硬土层。

在第一根钢板桩插打完毕后,通过检测,确定第一根钢板桩插打合格;然后以第一根钢板桩为基准,沿两侧对称进行其余板桩插打,由围堰长边往短边方向进行插打,并在围堰的长边位置处合龙。以拉森Ⅳ型为例,图 2.1-3 是其钢板桩插打示意图。

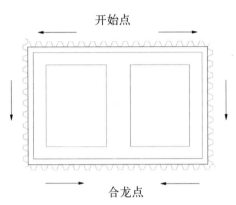

图 2.1-3　拉森Ⅳ型钢板桩插打顺序示意图

在整个钢板桩围堰施打过程中,开始时可插一根打一根,即将每一片钢板桩打到设计位置。到最后 5～7 片时,要先插后打,先把剩下的钢板桩全部插好,检查合龙位置是否正确;若合龙有误,用捯链或滑车组对拉使之合龙;合龙后,再逐根打到设计深度。

为保证插桩顺利合龙,要求桩身垂直,并且围堰周边的钢板数要均分。为保证桩身垂直,于第一组钢板桩设置固定于围堰支撑上的导向木;顺导向木下插,使第一组钢板桩桩身垂直。由于钢板桩桩组上下宽度不完全一致,锁扣间隙也不完全一致,桩身仍有可能倾斜,在施工中加强测量工作,发现倾斜,及时调整,使每组钢板桩在顺围堰周边方向及其垂直方向的倾斜度均不大于5‰。同时,为了使围堰周边能为钢板桩数所均分,事先在围堰导梁上按钢板桩组的实际宽度画出各组钢板桩的位置,使宽度误差分散,并在插桩时,据此调整钢板桩的平面位置,使误差不大于 ±15mm;当仍有困难时,在需要进行调整的位置,可以选择不插入钢板桩,而是将其保持在悬挂状态下进行调整。如仍无法顺利合龙,则根据合龙口的实际尺寸制造异形钢板桩合龙,但要控制异形钢板桩上下宽度之差不超过桩长的 2%。插打过程中,须遵守"插桩正直、分散即纠、调整合龙"的施工要点。

3. 钢板桩围堰内基坑土方施工

对于水中承台施工,在栈桥平台上,首先采用长臂挖机并人工配合的方式开挖施工；对于长臂挖机不方便或够不到部位，再采用小型挖机从围堰一侧往围堰另一侧分层开挖，开挖土方通过长臂挖机进行接力运出基坑外。对于承台内不具备挖机开挖部位或地下水较多部位土方开挖，可采用高压水枪配抽砂泵进行水下抽砂。施工时先清除中间土方，然后再将围堰内的周边土均匀清除，周边在清除过程中高度差不超过50cm，抽砂时避免扰动围堰外土层；在基坑边周边设置沉淀池，土方沉淀后直接用运输车外运，直至清除到设计高程。

4. 围堰抽水与支撑

钢板桩围堰封闭后进行抽水，抽水过程中应严格控制抽水速度和抽水高度。围图在加工场加工完成，加工好的内围图用平板车运至施工现场，采用履带起重机吊装至设计位置。内围图与钢板桩间的连接采用钢板桩上满焊连接，围图满焊在钢板桩上。第一层内围图安装完毕后，进行内支撑安装，内支撑与围图间采用焊接。第一层内支撑安装完毕后，用长臂挖机和抓斗结合泥浆泵抽水吸泥，进行水下基坑开挖，开挖至围堰封底混凝土底标高。然后抽水至第二层支撑下0.5m，安装第二层围图和内支撑，安装完第二层围图后抽水至第三层支撑下0.5m，安装第三层围图和内支撑；循环操作至最后将封底混凝土上的水抽干，测量放样，凿除表层不良混凝土，用混凝土找平。

5. 钢板桩堵漏

常规做法是在钢板桩施打过程中用棉絮、黄油等填充物填塞接缝，也可采用顺钢板桩接缝下溜较干细砂的方法，借助水压力将细砂吸入接缝内而达到堵漏的目的，对于变形较大的接缝在围檩安装后用棉絮塞填。河床以上采用外贴止水橡胶带止水。

6. 混凝土封底

在基底土质良好的条件下可以采用"干法施工"，不需要采取水下封底，在质量上易于保证，这对于土质相对较好的工程使用较为有利，水相对较深、土质相对较差（淤泥或粉质细沙等软基）时，则需要采用水下混凝土封底实现。混凝土浇筑过程应连续、不间断、不留接缝、一次性完成。

7. 钢板桩拆除

先按照从上到下的顺序，拆除围堰中的支撑结构，在围堰中灌入适量水，高出外部水位大约1m的高度，消除钢板桩的压力，维持内外水压的平衡；一段时间后，混凝土和钢板桩局部能够自然脱离。之后在围堰下游部位，轻微锤击振动较易拔除的钢板桩，拔高大约2m；然后依次拔高剩余钢板桩，逐渐松动围堰，逐步向上游施工，最终完全拔除钢板桩。如果桩的锁扣出现变形，或者桩尖存在弯卷现象，应对拔桩力度进行合理增加，以实际情况为准，可以在水下对钢板桩相关部位进行切割以便拆除。拔桩过程中动作应轻缓，避免钢板桩相互碰撞，损害模板的最终质量。

2.2 钢吊(套)箱围堰施工关键技术

2.2.1 钢吊箱围堰施工技术

1. 技术概述

钢吊箱围堰是为承台施工而设计的临时阻水结构,其作用是通过吊箱围堰侧板和底板上的封底混凝土围水,为承台施工提供无水的干燥施工环境。钢吊箱的结构构造由底板、侧板、内支撑、悬吊及定位系统组成。

底板是竖向主要受力构件。钢吊箱底板的结构形式主要有型钢网格分配梁底板以及空间桁架式底板。其中,型钢网格分配梁底板施工量小,底板安装快捷、方便、工期短;缺点是分配梁底板刚度较小,如设计不当易导致底板变形较大,从而造成浇筑的封底混凝土受拉开裂,质量不易保证。空间桁架式底板刚度较大,竖向变形小,容易保证封底混凝土质量;缺点是底板加工工艺复杂,加工速度慢,工期较长。综合分析比较这两种结构形式,型钢网格分配梁底板具备的安装快捷简便,施工安装工程量较小,型钢所需的材料数量与空间桁架式底板基本等量,所以型钢网格分配梁底板运用得比较多。

侧板是钢吊箱水平向承受静水压力、水流力和波浪力的受力构件。内支撑由内围梁、水平撑杆及竖向支架三部分组成。内围梁设在吊箱侧板的内侧,安装在侧板内壁牛腿上;其作用主要是承受侧板传递的荷载,并将其传给水平撑杆。水平撑杆的作用是通过对吊箱侧板的支撑减小侧板位移;竖向支架的作用主要是支撑水平撑杆,同时减小水平撑杆的自由长度。竖向支架的底端焊接到底板上,上端与水平撑杆焊接。

悬吊系统以钻孔桩钢护筒为依托,由纵、横梁,吊杆及钢护筒组成。横梁支点设置在护筒内侧牛腿上,横梁的作用是将悬吊荷载通过钢护筒传递给桩基。纵梁的作用是支撑吊杆,并将吊杆传来的荷载传给横梁。吊杆上端固定于支架的纵梁上,下端固定于底板的吊杆梁之上;吊杆的作用是将吊箱自重以及封底板的重量传给纵梁。

钢吊箱构造平面形状多为圆形、矩形或多边形;由于钢吊箱是一种悬浮结构,下沉后底部不着床,故设有底板,底板分为板式结构和箱式结构,先桩后堰法底板多为板式结构,先堰后桩法底板多为箱式结构。

2. 适用范围

钢吊箱围堰一般用于承台底标高在水面以下且距河床较高的情况,特别是水流湍急且河床不适于钢套箱下沉的地质情况。

3. 施工工艺

钢吊箱围堰施工工艺流程图如图 2.2-1 所示。

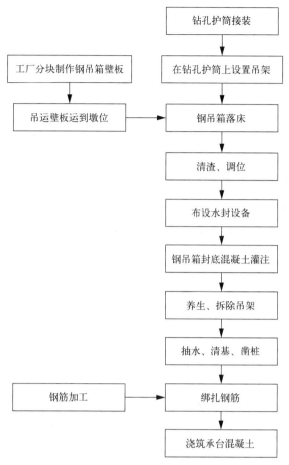

图 2.2-1　钢吊箱围堰施工工艺流程图

4. 技术要点

（1）平台和底模设计

平台和底模无论采用何种形式，其必须可承受吊箱自重及作业附加荷载，同时保证在吊箱下沉前易拆除对下沉有障碍的构件。拼装底节侧板和吊点系统拼装侧板须注意接缝的密封和模板变形的调整。吊点系统必须焊接牢固，保证下沉时节点系统、捯链行程及脱钩等能顺利进行。

（2）钢吊箱水平及竖向定位控制

钢吊箱下放至设计标高后，利用捯链调整围堰平面、立面至正确位置。锚固悬吊系统，利用导向定位系统锁定钢吊箱位置；导向定位系统采用在靠近吊箱外侧钢护筒上焊接牛腿，牛腿伸出钢护筒长度通过测量准确放样，稍比理论值小3～5cm。下放时，钢吊箱沿着定位牛腿下滑，达到设计位置后，用楔子塞紧定位装置及临时斜撑。

（3）封底质量控制

围堰封底质量主要控制混凝土和易性，初灌时坍落度宜偏小，以保证导管的埋入深度；在接近封底混凝土顶面时，坍落度适当加大，以增加混凝土流动性。

浇筑中特别注意导管内封水，保证混凝土质量，同时注意护筒周围的混凝土，防止因砂袋堵塞不严引起混凝土的流失。

(4) 围堰渗漏水控制

围堰渗漏水主要为围堰接缝和壁板焊缝处渗漏。为减少渗漏，尽量减少壁板分节；壁板焊缝采用煤油渗透试验检查焊缝质量；上、下节段围堰之间和围堰拐角处设泡沫橡胶垫止水。封底过程中，控制混凝土质量，防止混凝土产生离析。

(5) 围堰上浮和下滑控制

单位体积混凝土自重是水浮力的 2.4 倍，加上围堰结构自重及混凝土与护筒的握裹力，抗浮系数较大，可抵抗 10～15m 水浮力。浇筑承台混凝土时，混凝土及结构自重由水浮力和混凝土与钢护筒间的握裹力承担。

2.2.2 钢套箱围堰施工技术

1. 技术概述

钢套箱围堰是桥梁工程施工中常用的一种围堰结构形式，主要在基础工程施工中起到防水、挡土的作用；但大多数情况下用于承台工程混凝土灌筑施工，用来防水和充当模板。多适用位于河流浅滩且流速较慢处的桥墩承台修建。一般来说，采用钢套箱围堰修筑承台，其承台底标高与河床面标高相差不大或承台底埋入河床深度较浅，且承台断面尺寸不大。该类承台具有结构受力明确、构造简单，适宜于现场制作与组拼，施工操作也较容易，使用机具设备多为常用机具设备，围堰可重复使用等优点；但其阻水面积大，下沉施工前，常需对河床加以整平。

钢套箱围堰多为单壁结构，类同于单壁钢壳。主要由壁板与加劲肋、内桁架支撑或底板等几部分组成。其断面形式依承台结构的形式而定，主要有矩形、方形、八卦形等。壁板与加劲肋是主要的防水结构，同时也承受围堰内抽水后四周外侧水压力；内桁架支撑是主要的受力结构，底板视其实际需求而定。钢套箱围堰多采用水下封底混凝土的方法阻水堵漏，封底混凝土同时还承受反向水压力，故其厚度比吊箱围堰大。

通常，套箱围堰在基桩钻填后进行安放，但也有在桩基础施工前进行安装的，此时钢围堰还将充当施工平台。钢套箱围堰的施工方法依其结构形式、施工程序、起吊能力及设计技术要求等因素确定，方法多种多样；但就其起吊方式而言，主要有整体吊装就位、组拼后起吊下沉就位两种。整体吊装即在岸边将围堰完全拼装，用吊船一次起吊就位，因此须有大吨位水上吊船，河水深度应能满足船只吃水深度；整体吊装施工工期短，但可能费用较高。拼装后下沉即在已施工好的桩基顶面搭设施工平台，将围堰按设计要求组拼，而后以桩顶预埋钢支撑为支点，安放卷扬机拼装成自拼式临时起重机，将组拼好的围堰起吊、下放就位。

2. 适用范围

(1) 单层有底套箱围堰（支架吊起施工，适用于深水浅层）；

(2) 单层无底套箱围堰（套箱落底，适用于水深不超过10m）；

(3) 双层无底套箱（适用于水深超过10m）。

3. 施工工艺

钢套箱围堰施工工艺流程图如图2.2-2所示。

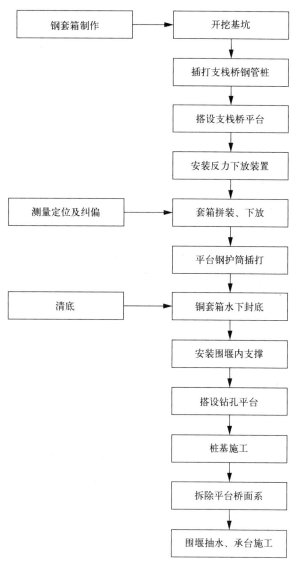

图2.2-2　钢套箱围堰施工工艺流程图

4. 技术要点

钢套箱下沉与有底钢套箱封底是施工的重难点，不同水文地质采取下沉机械设备与技术方案不同,需根据具体项目具体分析。

(1) 钢围堰的着床定位

钢套箱围堰的着床定位是施工中的关键工序,直接影响到围堰最终的定位质量。围堰着床前,用全站仪观测调整围堰的倾斜和偏位,直到围堰坐标与设计坐标基本相符,然后立即启动抽水机向隔舱对称注水,使套箱缓慢着床下沉。

钢套箱刃脚下到标高后,潜水员下水对套箱刃脚进行探摸;有缝隙的地方由潜水员在水下对套箱进行堵漏或在套箱外侧抛填砂袋,高出的地方进行清底直至露出刃脚,以保证钢套箱的封底。

单壁钢套箱下放升降装置与双臂钢套箱相同,依靠自身重量实现下沉。

(2) 钢套箱下沉时的纠偏措施

钢套箱下沉过程中,要采用多次测量和系统比较的方法确定钢套箱的下沉情况,测定节段基准点的坐标,求得各节段平面偏移及高程、底中心偏移高程、扭角、倾斜等钢套箱观测资料,指导钢套箱接高下沉和纠偏的实施。

常用的纠偏方法有三种:

1) 调整隔舱水纠偏:用抽水机往钢套箱高的一侧隔舱内加水,把低的一侧隔舱内的水抽出,利用两侧重力不同,使钢套箱保持水平;但此法需要保证隔舱与隔舱之间、隔舱与隔舱外的水头差在允许范围内。

2) 掏渣纠偏:用长臂挖机在钢围堰的刃脚处不均匀掏渣,利用钢围堰高低两侧下沉时所受阻力不同,实现围堰纠正。

3) 压重纠偏:在围堰顶面较高的一侧偏心压重,以纠正其倾斜。

2.3 双壁钢围堰施工关键技术

2.3.1 技术概述

双壁钢围堰也被称为双壁钢板桩,是钢围堰的一种,由两片薄钢板拼接焊接而成的,中间夹有一定间隔距离的封闭式结构,呈现出 H 形截面的形态。其作为承台施工挡水结构和钻孔平台的支撑结构,承受的荷载包括水流冲击力、水头压力,以及由钻孔平台作用的竖向力。

双壁钢围堰一般用以配合深水中的大直径钻孔群桩基础施工,双壁钢围堰法修筑基础即为浮式(着床型与非着床型)沉井加钻孔基础;钢沉井只起施工围堰的作用,不参与主体结构受力;其基底不采取大面积清理基底淤泥方式,而是钻孔嵌入岩石。浮式钢沉井浮运就位时,不是在沉井内加设钢气筒压气排水来增加浮力,而是将中空的井壁向上延伸来增加浮力。同时不设隔墙,由于从下至上均为双壁结构,且中空的双壁较厚；空舱内壁有水平桁架支撑，刚度较大、强度较高，能够抵抗很大的水头差，一般在30m以上，钢板桩在20m以下；能够承受较大的压力，能够承受洪水冲击。围堰内无支撑体系，工作面开阔，吸泥下沉、清基钻孔、灌注水下混凝土均很方便。由于钢围堰在施工中仅起临时围堰作用，工程完成到一定阶段后，要进行水下切割拆除回收，可以进行重复利用。下部不能切除部分可以对钻孔桩基础起到保护作用，可防止因河床变迁引起的基础冲刷和对风化岩的破坏。

2.3.2 适用范围

适用于大型河流水深流急的深水基础，特别是覆盖层较薄的平坦岩石河床；能承受较大水压，保证基础全年施工安全。具有良好的刚度和水密性能，因此在深水施工中得到了应用。

2.3.3 施工工艺

双壁钢围堰施工工艺流程图如图2.3-1所示。

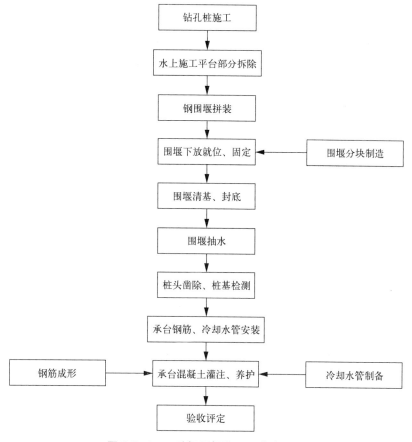

图2.3-1 双壁钢围堰施工工艺流程图

2.3.4 技术要点

1. 围堰拼装

在双壁钢围堰拼装平台精确定出围堰刃脚圆周线，用以控制围堰拼装时的圆顺度和垂直度。利用履带起重机把每块钢围堰吊装至指定位置，钢围堰拼装按对称原则进行；采用捯链牵引校正，使壁板块件之间的误差累计降至最低。拼装施工过程中，采用全站仪进行实时监测，最后逐块对称合龙，完成首节围堰的拼装。首节双壁钢围堰全部拼装完成后，再进行钢围堰块与块之间的焊接；焊接时先焊面板间的竖向焊缝，再焊环向焊缝。

2. 双壁钢围堰吊放系统及导向装置安装

首节钢围堰拼装完成后，设置双壁钢围堰吊放系统。钢围堰吊放系统利用钻孔灌注桩护筒作受力支柱，采用贝雷片作传力梁和找平高差的主要构件。首先将钢护筒找平，确保贝雷片经过的钢护筒顶面处于同一水平面上，然后在找平的钢护筒上安装工字钢纵梁，在工字钢纵梁上安装纵、横向贝雷片，贝雷片与工字钢之间、贝雷片与贝雷片之间均采用自制的 U 形螺栓固定；再在顶层贝雷片顶安装卷扬机传力纵梁，最后安装卷扬机及相应滑轮组。

双壁钢围堰的吊点沿内壁板布置，根据施工中需吊装的施工荷载确定吊点数量及位置，利用卷扬机和滑轮组形成吊放系统对底节钢围堰进行提升和下放。

3. 围堰下沉

首节钢围堰在下放前应先进行试吊，检查吊点、钢围堰壁板、吊绳及滑轮组有无故障。确保无故障的情况下，将围堰落于临时平台之上，然后用混凝土灌注刃脚，以增大刃脚下沉过程中的刚度和强度。围堰下沉的要点如下：

（1）底节钢围堰起吊下水后，迅速在围堰内对称注水使之保持垂直状态下沉，然后按单元体编号对称拼装接高，注水下沉，拼装接高交替作业进行施工。

（2）围堰拼装注水下沉过程中，围堰内外水头差；相邻单元体水头差，空腹钢围堰水头差等必须满足设计要求规定。

（3）随着钢围堰接高和围堰内注水压重下沉交替作业，围堰上层拉缆随之拆除、安装交替倒换，逐步上移，并随围堰入水深度增加随时调整拉缆受力状态，使围堰保持垂直。

（4）围堰刃脚接近河床面附近时，应加强对墩位处河床面的测量，及时掌握墩位河床冲刷及水位情况，以便选择围堰落河床的时机。

4. 围堰封底

（1）清理基底

1）基底残存物（淤泥、淤泥质黏土、圆砾土等）应基本上清除干净。潜水工详细检查并做好记录,是否某些地点存有极少量残存物。

2)清基后的有效面积,不得小于设计要求。自钢护筒边算起至围堰壁间约1m左右的基面清理作业,应特别注意将残存物清理干净。

3)测量双壁钢围堰刃脚测点处的刃脚埋入深度,并摸清刃尖与基面相贴或埋入泥砂的情况。

4)清基完毕后,测量基底标高,绘制基底断面图以查明基底面实际倾斜与走向。

(2)封底混凝土导管布置

导管使用前进行水密试验,导管安装中,每个接头需预紧检查。

(3)封底混凝土浇筑

清基经检验合格后方可进行封底混凝土施工,封底混凝土技术性能满足水下自密实混凝土和不扩散混凝土的要求。

2.4 锁扣钢管桩围堰施工关键技术

2.4.1 技术概述

锁扣钢管桩围堰(图2.4-1)是使用锁扣钢管逐根插打,钢管桩之间可以相互咬接,必要时内加支撑体系及封底,通过挡住外侧水形成施工空间的钢围堰施工方法。一般由钢管、C形锁扣、T形锁扣等构成;钢管直径的左端管壁上竖向连接C形锁扣,C形锁扣的横断面为一边开口的C形,在C形锁扣的侧面设有加强筋;钢管直径的右端管壁上且偏半径位置竖向连接有T形锁扣,T形锁扣的槽断面为工字形。

图2.4-1 锁扣钢管桩围堰

C-O形锁扣钢管桩(图2.4-2)由钢管与C锁扣(阴锁扣)、O锁扣(阳锁扣)钢管组成。C 锁扣管外侧开口便于 O 锁扣管插入，锁扣管壁之间间隙 1.5mm，C、O 锁扣管分别焊于钢管桩两侧形成 C-O 形锁扣钢管桩。

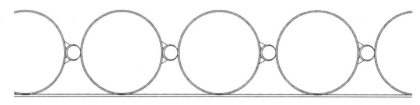

图 2.4-2　C-O 形锁扣钢管桩示意图

C-T 形锁扣钢管桩（图 2.4-3）由钢管与 C 锁扣（阴锁扣）钢管、T 锁扣（阳锁扣）工字钢组成。C 锁扣管外侧开口便于 T 锁扣管插入，C、T 锁扣管分别焊于钢管桩两侧形成 C-T 形锁扣钢管桩。

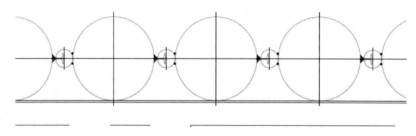

图 2.4-3　C-T 形锁扣钢管桩示意图

2.4.2　适用范围

适用于深水基础围堰，桥梁薄壁沉井式基础，水利工程、码头工程、海港的岸墙、护岸、防波堤、码头、工民建基础的深基坑支护及围堰等工程。具有施工灵活、截面强度刚度大、支撑方便、可重复使用，适应于各种复杂地质等优点。但钢管桩的施工难度相比于钢板桩更高，由于锁扣止水效果难以保证，需有防水措施相配合。

2.4.3　施工工艺

锁扣钢管桩围堰施工工艺流程图如图 2.4-4 所示。

2.4.4　技术要点

1. 锁扣钢管桩插打

（1）锁扣钢管桩选用螺旋钢管，其加工制作宜在钢筋加工厂焊接。先将钢管对接成设计长度，然后将锁扣工字钢与钢管定位焊接。每根钢管桩上的锁扣要对称位于钢管的同一直径线上。钢管桩的对接焊缝按照 II 级焊缝质量标准检查验收，其余的焊缝

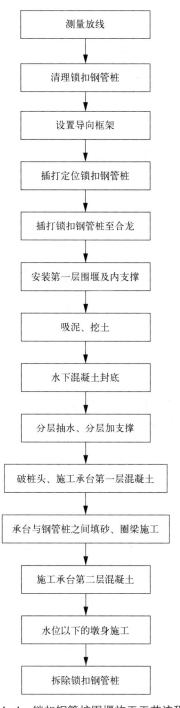

图 2.4-4　锁扣钢管桩围堰施工工艺流程图

按照Ⅲ级焊缝质量标准进行外观检查，要求饱满、无裂纹、不漏水。钢管桩顺直、不折、不弯。

（2）为保证锁扣止水效果，锁扣钢管桩插打（图 2.4-5）后锁扣，锁扣阴头钢管

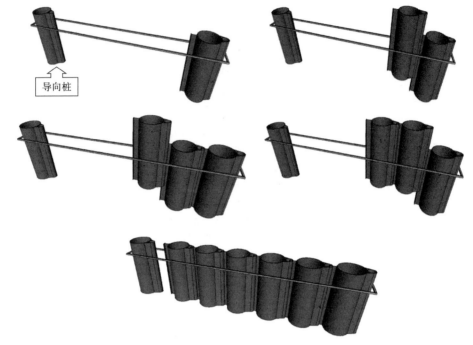

图 2.4-5　锁扣钢管桩插打示意图

内使用油灰、旧棉絮、细煤渣等填筑堵漏。每座围堰设连通蝴蝶阀，连通阀设于围堰侧壁低潮位以上 0.5m 处，用于施工中平衡围堰内外水压。

（3）插打按围堰一个角为起始点依次顺序进行，自上游开始至下游合龙；钢管桩单打设时不能一次性打到设计标高，应预留一定的高度，待围堰合龙后，再逐根补打至设计标高。

（4）钢管桩采用履带起重机挂振动锤打设，合龙口按缺口实测测量尺寸加工成异型锁扣钢管进行合龙；为保证围堰顺利合龙和具有良好的止水效果，须严格控制施工误差，钢管桩的倾斜率控制在 1% 以内。

（5）首根钢管桩的垂直度影响整个围堰其他钢管桩的垂直度，要缓慢打入，打入到 2/3 设计深度时，检查桩身的倾斜度是否超过桩长的 0.2%，如满足要求则继续开启振动锤沉桩；否则拔出重打。其他钢管桩每插打 10 根做一次检查，保证桩身的倾斜度不超过桩长的 0.2%。

2. 围堰支撑安装

（1）围堰支撑安装时，应精确控制牛腿的高程。先测量放样确定每个牛腿的高程、然后挂线检查各牛腿之间的高差，以控制围檩的安装误差。牛腿与钢管桩、围檩与牛腿、支撑钢管与围檩均应满焊固定牢固。安装支撑时，随时观察钢管桩围堰的变化情况，当锁扣漏水时，用棉絮、木条等在外侧嵌塞。

（2）当围堰合龙并开挖或抽水到支撑设计位置标高以下 0.5m 时，立即进行第一道围檩、牛腿及内支撑的安装，以防开挖过程中压力过大影响围堰内的施工安全。内支撑的设置，除考虑受力外，还应不妨碍围堰内施工。围檩、内支撑自上而下设置，一边开挖，一边安装，根据土水压力计算决定支撑数量。禁止待围堰基坑土方开挖完成后再整体一起做围檩及支撑支护。

（3）围檩安装前根据围檩安装位置进行标高测量，在钢管桩上做好标记，然后在钢管桩上焊接支撑围檩用的工字钢牛腿，工字钢焊接时应整体在一个平面上，保证牛腿受力均匀。牛腿在此处有两个作用：一方面便于围檩的安装，另一方面防止围檩在受力时发生扭曲变形。

（4）牛腿焊接完成后进行围檩安装，沿钢管桩内侧四周设围檩，拐角处设置斜撑，围檩和斜撑可选用双拼型钢，斜撑用以抵抗水平推力和位移，从而达到整体支撑和稳定的要求。横向内支撑选用双拼型钢，设置的位置尽量不影响承台后续施工。支撑两端头处加焊钢板作为支撑面，直接支撑在围檩上。为增大受力接触面，钢管与围檩之间的缝隙插打钢楔形块并浇灌填缝速凝砂浆。必要时增加加劲板、贴板或插板加强钢管。

（5）为便于施工，待围檩安装完成后，首先安装横向支撑及四周角落位置斜撑；随后对钢护筒周边土方进行开挖、并将护筒进行切割，再进行长斜撑的安装。斜撑安装时一定要对称，避免围堰出现局部受力不均，出现失稳现象。

3. 清淤及基底换填

当承台位于河床以下，待完成围堰支撑施工后，潜水员持高压水枪冲起、搅混基底淤泥，同时基坑内的泥浆泵抽出浑浊的基坑水，达到清除基底淤泥的目的。吸泥泵清除河床底部的淤泥至承台封底混凝土设计标高以下约 0.5~1m 位置，然后抛填碎石对基底的淤泥进行置换，以满足封底混凝土施工的承载力要求。抛填的厚度根据河床基底的土质情况确定，若发现河床底部淤泥过厚，换填后仍无法满足封底混凝土的承载力要求时，可进行碎石注浆加固施工，增强基底承载力。

4. 封底混凝土施工

（1）清基经检验合格后进行封底混凝土施工，封底混凝土采用水下混凝土，封底厚度根据设计图纸或计算确定。

（2）为保证混凝土质量以及混凝土与钢护筒的握裹力，在围堰封底之前需用钢丝刷和高压水枪对钢护筒外壁、围堰内壁结合面进行清理。

（3）封底混凝土的浇筑顺序：先下游处，后往上游处，混凝土的浇筑应从一侧向另一侧进行，并确保混凝土的表面大致水平。

（4）封底混凝土顶面标高即承台底设计标高，根据现场测点位置实测混凝土面高程，确定该点是否终浇；终浇前上提导管适当减小埋深，尽量排空导管内混凝土，使其表面平整。

（5）混凝土浇筑临结束时，全面测出混凝土面标高，重点检测导管作用半径相交处、护筒周边、围堰内侧周边转角等部位；根据结果对标高偏低的测点附近导管增加浇筑量，力求封底混凝土顶面平整，并保证封底厚度达到要求。

5. 排水堵漏

（1）待水下封底混凝土满足使用后，抽除围堰内的水；每座基坑至少配备多台抽水能力不低于 500m³/h 的抽水泵不间断抽水，并逐层加固内支撑和上下围檩连接系。为保证止水效果，锁扣钢管桩插打后锁扣阴头钢管内使用油灰、旧棉絮、细煤渣等填筑堵漏。

（2）浇筑混凝土垫层找平，进行承台施工，并在围堰四周布置积水坑。在围堰抽水过程中，设置专人观察钢围堰变形情况。承台施工后，在最底层围檩支撑拆除之前，向承台和围堰之间空隙填充淤泥。

（3）为保证围堰止水效果，止水宜选择在低潮位抽水。抽水泵抽水时，及时安排人员进行围堰锁扣封堵，止水直至围堰漏水处不大于 1m³/h。同时在围堰内布置集水坑，保证渗水及时排除，止水完毕后，须进行一次高潮位检测漏水情况，确定安全后方可投入使用。

6. 钢管桩的拔除

当墩柱施工完毕后，即可拆除围堰；拆除顺序与打桩顺序相反，先拆除围檩，后拔除钢管桩。围檩支撑拆除后，打开围堰侧壁连通阀，使围堰内外水位一致。钢管桩采用履带起重机配合振动锤进行拔除，拔除工作按插打钢管桩相反顺序，拔除之后整齐堆放在一起。

2.5 土石过水围堰施工关键技术

2.5.1 技术概况

过水围堰是指在一定条件下允许堰顶过水的围堰。过水围堰既承担挡水任务，又能在汛期泄洪，适用于洪枯流量比值大，水位变幅显著的河流。其优点是减小施工导流泄水建筑物规模，但过流时基坑内不能施工。

过水围堰类型通常有土石过水围堰（图 2.5-1）、混凝土过水围堰、木笼过水围堰 3 种。木笼过水围堰由于用木材多，施工、拆除都较复杂，现已少用。

土石过水围堰堰体是散粒体，围堰过水时，水流对堰体的破坏作用有两种：一是过堰水流沿围堰下游坡面宣泄的动能不断增大，冲刷堰体溢流表面；二是过堰水流渗入堰体所产生的渗透压力，引起围堰下游坡连同堰体一起滑动而导致溃堰。因此，对土石过水围堰溢流面及下游坡脚基础进行可靠的防冲保护，是保障围堰安全运行的必要条件。土石过水围堰按堰体溢流面防冲保护使用的材料可分为混凝土面板溢流堰、混凝土楔形体护面板溢流堰、块石笼护面溢流堰、块石加钢筋网护面溢流堰等形式。按过流消能防冲方式可分为镇墩挑流式溢流堰和顺坡护底式溢流堰。通常，可按有无镇墩区分土石过水围堰形式。

（1）设镇墩的土石过水围堰

在过水围堰下游坡脚处设混凝土镇墩，其镇墩建基在岩基上，堰体溢流面可视过流单宽流量及溢流面流速的大小，采用混凝土板护面或其他防冲材料护面。若溢流护面采用混凝土板，围堰溢流防冲结构可靠，整体性好，抗冲性能强，可排泄较大的单宽流量。但镇墩混凝土施工需在基坑积水抽干、覆盖层开挖至基岩后进行，混凝土达到一定强度后才允许回填堰体块石料；对围堰施工干扰大，不仅延误工期，且存在一定的风险性。

（2）无镇墩的土石过水围堰

围堰下游坡脚处无镇墩堰体溢流面可采用混凝土板护面或其他防冲材料护面，过流护面向下游延伸至坡脚处，围堰坡脚覆盖层用混凝土块、钢筋石笼或其他防冲材料保护；其顺流向保护长度可视覆盖层厚度及冲刷深度而定，防冲结构应适应坍塌变形，以保护围堰坡脚处覆盖层不被淘刷。这种形式的过水围堰防冲结构较简单，避免了镇墩施工的干扰，有利于加快过水围堰施工，缩短工期。

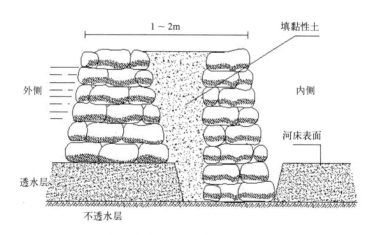

图 2.5-1　土石过水围堰示意图

2.5.2　适用范围

（1）设镇墩的土石过水围堰的适用范围

设镇墩的土石过水围堰适用于围堰下游坡脚处覆盖层较浅，且过水围堰高度较高的上游过水围堰。若围堰过水单宽流量及溢流面流速较大，堰体溢流面宜采用混凝土板护面。若围堰过水单宽流量及溢流面流速较小，可采用钢筋网块石护面。围堰坡脚覆盖层宜采用混凝土块柔性排或钢丝石笼。

(2) 无镇墩的土石过水围堰适用范围

无镇墩的土石过水围堰适用于围堰下游坡脚处覆盖层较厚且过水围堰高度较低的下游过水围堰。若围堰需应对大块石体等的坍塌和变形，需考虑采用适应坍塌变形的防冲结构。若围堰过水单宽流量及溢流面流速较小，堰体溢流面可采用钢筋网块石保护，堰脚覆盖层采用抛块石保护。

2.5.3 施工工艺

土石过水围堰施工工艺流程图如图 2.5-2 所示。

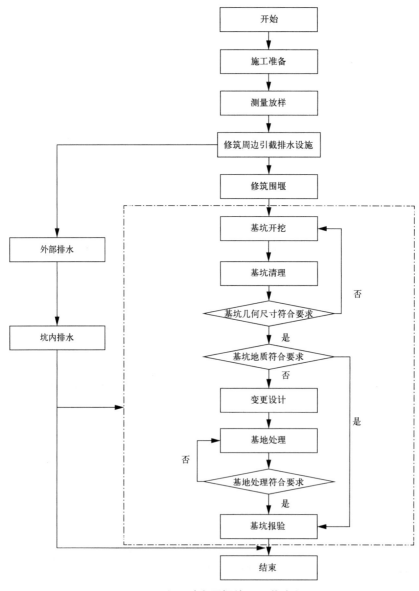

图 2.5-2 土石过水围堰施工工艺流程图

在桥梁的建设中，桥梁常修建在水深流急的地质环境中，防水、挡土、防冲刷等是其施工的主要困难之一，围堰在基础的建设中起着极其重要的作用。围堰施工是在桥梁建设中，通过在基坑周围修建的临时性挡水结构，防止水和土进入建筑物修建位置，以便在围堰内排水、排土，使基坑开挖、建筑物修建等工序在干涸的条件下进行的一种施工方法。在实际工程中，围堰的结构形式和材料的选择需要根据水深、流速、地质及基础形式等条件决定。本章主要分析总结钢板桩围堰、钢吊箱围堰、双壁钢围堰、锁扣钢管桩围堰和土石过水围堰等具有代表性的 5 种围堰工程施工关键技术。

2.1 钢板桩围堰施工关键技术

2.1.1 技术概述

钢板桩是一种带有锁扣的型钢，其截面有槽形、直板形和 Z 形等几种类型，有各种尺寸大小和联锁形式，常见的联锁形式有拉尔森式和拉克万纳式两种。

钢板桩在工厂预制，整体刚度大，很容易打入坚硬土层；挡水性能好，可以在深水中施工，加斜支撑可以成为一个围笼；基础施工完成后可将其拔出循环使用，对环境影响较小。适用于流速较快的深水基坑。

2.1.2 适用范围

钢板桩围堰适用于浅水低桩承台并且水深 4m 以上，河床覆盖层较厚的砂类土、碎石土和半干性。

2.1.3 施工工艺

钢板桩围堰施工工艺流程图如图 2.1-1 所示。

2.1.4 技术要点

1. 导向架制作及安装

导向架制作：采用型钢（槽钢）作为钢板桩围堰内导梁、导框，并制成围笼。内外导梁间距比钢板桩有效厚度大 8~10cm，以利钢板桩的插打。矩形围笼导梁按设计尺寸下料，导梁接头均安排在横撑支点处，接头用夹板螺栓连接（图 2.1-2）。

导向架安装：安装导向架前，先进行测量定位。导向架安装时先打定位桩或作临时施工平台。导向架在工厂或现场分段制作，在平台上组装，固定在定位桩上。

定位内支撑、围檩的加工制作安装，对钢板桩围堰的垂直插打及整体稳定起重要作用，必须准确稳固。根据围堰尺寸在钢板桩上焊接牛腿，位置须严格遵照设定的标

2.5.4 技术要点

施工围堰工程的主要作用是截流、挡水，能否严防涌水、避免堰堤坍塌是围堰成败的关键。主要技术要点如下：

（1）堰堤及其位置应严格按照设计要求实施，以利排、降水。

（2）为保证围堰的质量和稳定性、有效抵抗河水的压力，堰堤应筑成向迎水面拱的弧形，拱起高度不小于 2m，在堰堤背水一侧边坡中放坡。堰体上面宽度至少 5.0m 宽，高出湖面 1.0m。在堰体迎水面采用挖掘机排实面层土方并铺设厚度不小于 0.5m 厚碎砖及石块至湖底防止湖水冲刷。

（3）填筑堰堤的材料应以素土为主掺杂少量石料。当堰堤填到一定宽度后，应在迎水面一侧填筑厚度为 0.5～1.0m 的一层黏土层，以利阻水、减少渗水、漏水。填筑可从两边向中间进行。

（4）围堰完成后，应立即将堰内水排干和清除湖底的淤泥。

第 3 章　基础工程施工关键技术

桥梁基础是用来支承桥跨结构，把上部结构、墩台自重及车辆荷载传递给地基的结构物，为保证桥梁的安全和正常使用，要求地基和基础要有足够的强度、刚度和整体稳定性。随着我国桥梁建设飞速发展，基础建设也有了很大的发展，结构形式更加多样，施工技术更加复杂。本章主要阐述应用较为广泛、具有代表性的7种基础施工关键技术。

3.1 东海强潮汐区冲海积地质深长桩施工关键技术

3.1.1 技术概况

东海强潮汐区冲海积地质深长桩施工关键技术针对冲海积地区软土地质，通过设置永久护筒的方式保证桩顶15～20m范围的桩身质量。使用长护筒，施工工艺简单，很好地适应了软土地质桩基施工，有效提高了桩基成孔质量；深长灌注桩成桩过程对周围土体扰动较小，属于非挤土桩或少量挤土桩；施工过程中机械产生的振动和噪声较低，承载力高，抗震性能好。

3.1.2 适用范围

东海强潮汐区冲海积地质深长桩施工关键技术能有效提高桩基成孔质量、悬浮钻渣的效率、钢筋加工的效率及混凝土结构物的使用寿命，可适用水上作业、桩身较长、地质较差、桩径较大的桥梁桩基施工。

3.1.3 施工工艺

东海强潮汐区冲海积地质深长桩施工工艺流程图如图3.1-1所示。

3.1.4 技术要点

1. 钢护筒的尺寸确定及施工

（1）钢护筒的尺寸确定

护筒长度根据现场地勘图进行确定，要保证护筒能够穿过淤泥层并进入黏土层2～2.5m。为保证护筒不影响钻机的钻头，通过护筒长度和护筒直径来进行控制；护筒直径控制主要考虑护筒的平面位置偏差及垂直度偏差。考虑到护筒底口的变形及计算的护筒最大偏位，护筒长度20～25m时护筒内直径为2.4m，长度大于25m护筒内直径为2.5m。

（2）钢护筒的打设及控制要点

1）测量放样

护筒的中线点即桩基础的中心点放样时，将中心点引到两边型钢上，以方便施工控制。

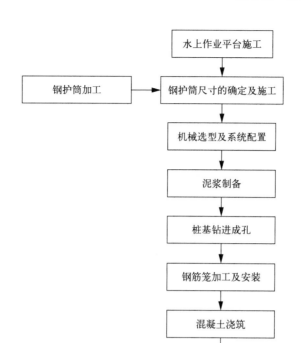

图 3.1-1　东海强潮汐区冲海积地质深长桩施工工艺流程图

2）安装导向架

导向架根据放样点的位置安装，中心与设计护筒中心点重合。导向架的内净空要比护筒的外径略大，以保证护筒能顺利进入导向架。导向架采用两层框架通过型钢立柱连接的形式，上层框架与平台可靠焊接；导向架安装时要保证其垂直度，型钢立柱要有足够的刚度，以保证插打时护筒的垂直度。

3）护筒下沉

吊起护筒下节，安装导向架。当护筒下节上口距导向架1m左右时，停止下放护筒上节，在护筒上焊接两个反牛腿，将护筒上节挂在导向架上。吊起护筒上节，将护筒上节下口与护筒下节上口贴合，微调钢板，使上下节整齐对接在一起，焊接牢固。起重机将护筒上节连同下节一起吊起，使反牛腿脱离导向架，割掉反牛腿，然后下放护筒。

护筒底口距离河床面50cm时，停止下放，测量护筒夹角为90°的两个方向的垂直度。垂直度满足要求后，由起重机下放护筒入海床，直至护筒不再下沉。随后采用振动锤双液压夹具插打护筒。振动锤开始时激振力不宜过大，下沉稳定后将激振力调整到设计值。护筒下沉采用贯入度及入土深度两个指标进行双控。

2. 桩基钻进成孔

（1）钻机就位

钻机就位前，根据桩位及钻机尺寸在平台上做好标记，以便控制钻机就位。钻机摆放在平台上，按照事先做好的标记进行安放。钻机底座应水平、稳定，钻架中心与钻机转盘中心的连线应与钻盘垂直，钻头、钻杆和桩中心在同一铅垂线上，以保证孔位正确，钻孔顺直。

(2) 钻进

当桩基长度较长、钻孔深度过大时，可采取气举反循环辅助排渣工艺，通过气水龙头经钻杆外侧管道将压缩空气送到气水混合器后再进入内管；这时压气膨胀，液气混合，形成一种密度小于液体密度的液气混合物，而产生气举作用。由于气体不断进入内管，使得管内的液气混合物同孔内的泥浆之间产生压差，从而将泥浆以较高的速度带出孔外，提高了钻进速度及清渣效率。

钻孔前检查一次钻机、钻头及钻杆，并做好检查记录，保证钻机处于良好的工作状态。钻孔前先开动泥浆泵，待泥浆循环正常后再启动钻机慢速放下钻头；开钻时均匀慢速钻进，待钻头全部进入护筒底部后，方可正常钻进。钻机钻进时应分班连续作业，无故不得停止；钻机钻进时应根据设计土层类别、钻孔深度及供浆量情况，严格控制钻进速度，填写钻孔桩原始记录表。钻进时及时补充泥浆，保持孔内泥浆面的稳定。钻进过程中每钻进2m或地层变化时，用取渣筒在孔底捞取钻渣样品，查明土类并记录，以便与地质剖面图相核对。钻孔过程中指派专人定时检查泥浆的各项指标，了解钻进、进尺、土层情况，发现问题及时解决。

(3) 终孔及检孔

钻至设计标高后，报监理进行终孔确认。终孔后利用成孔检测仪进行检孔。

(4) 清孔

钢筋笼下放到位后，再次对桩底沉渣厚度进行检测。现场检测不满足规范及设计要求时，利用混凝土浇筑导管采用气举排渣法进行二次清孔。二次清孔时，导管应前后左右方向进行移动并上下起落，以确保沉渣清除彻底。

3. 混凝土浇筑

(1) 海工混凝土配合比设计

配合比设计主要控制以下指标：坍落度、扩展度、混凝土含气量、初凝时间、终凝时间、混凝土总含碱量、氯离子扩散系数、混凝土抗裂性能以及混凝土强度。

(2) 混凝土拌制与运输

混凝土由拌和站拌制，拌和好的熟料由混凝土搅拌运输车运输至桩位直接灌注。拌和站使用前，按照规定对其进行标定。为保证混凝土灌注的正常进行，另一拌和站处于待命状态。混凝土拌和与运输过程，试验人员进行混凝土跟踪监测，确保混凝土质量及混凝土浇筑连续性。

(3) 机具准备

钢导管使用前进行水密承压和接头抗拉试验、接头顺序编号，长度测量标码，经相关人员检查合格后进行吊装下放。配备足够数量的导管、密封圈作为备用。

(4) 导管埋深及首批混凝土灌注

导管底部至孔底间距控制在 20～40cm，首批灌注混凝土的料斗存储方量满足导管初次埋置深度大于等于 1.2m 和填充导管底部间隙的要求。

首批灌注混凝土量应满足导管底端初次埋置深度的要求。大直径钻孔灌注桩所需首批混凝土数量大，在进行水下混凝土灌注前，现场预备的混凝土量应不少于 2 罐。先将储料斗储满混凝土，在剪球下料的同时，混凝土泵车连续大泵量下料，其间不得有任何停歇；连续下料不少于计算需要的首批混凝土灌注量。

(5) 混凝土浇筑

在施工前及混凝土灌注过程中，应做好组织和调度工作，加快供料速度，尽量减少中间停顿。在灌注混凝土过程中，导管应保持垂直居中，保证全断面混凝土整体均匀上升。在灌注混凝土过程中，宜适当加大导管埋置深度，保证导管埋深不大于 6m 并不小于 2m，一般可控制在 4m 左右，以增加混凝土的顶托力和扩散半径。若桩孔尺寸较大，桩孔内混凝土面上升速度缓慢，在灌注混凝土过程中，应定时转动或提放导管，防止出现埋管现象。灌注混凝土至距桩顶 4m 左右时，停止拆除导管，待混凝土灌注至设计标高后一次拔除，以保持混凝土具有足够的顶托力，保证桩顶混凝土的灌注质量。

3.2 沿海深层淤泥半护筒（可回收）施工关键技术

3.2.1 技术概况

随着我国沿海城市经济建设的快速发展，沿海城市的基础设施建设规模也在迅速扩大，并逐步向沿海滩涂地区发展。受特殊地质环境的影响，基础设施施工难度越来越大，如我国沿海滩涂地区的深层淤泥地质不良地质条件下进行钻孔灌注桩施工过程中，常遇承压水、塌孔严重、成孔困难、质量稳定性等难题。通过采用"半护筒 + 泥浆护壁法"，首先由测量人员对桩位进行放样，然后采用履带式液压打拔机将超长钢护筒打入到桩孔位置，并穿越淤泥质粉质黏土层。再进行钻孔灌注桩泥浆护壁成孔，最后按照清孔、钢筋笼制作及安装、导管安装及二次清孔、水下混凝土浇筑等工序进行施工；可有效阻断淤泥质土层对钻孔桩施工的影响，为钻孔灌注桩施工创造条件；保障钻孔灌注桩成孔率、提高钻孔灌注桩的施工质量；避免后期出现深基坑渗漏水现象，影响基坑安全。

3.2.2 适用范围

沿海深层淤泥半护筒（可回收）施工（图 3.2-1）关键技术适用于沿海滩涂地区的深层淤泥不良地质条件下的钻孔灌注桩施工或遇承压水、塌孔严重、成孔困难、质量稳定性差等地质条件的灌注桩施工。

图 3.2-1 沿海深层淤泥半护筒（可回收）施工现场图

3.2.3 施工工艺

沿海深层淤泥半护筒施工工艺流程图如图 3.2-2 所示。

3.2.4 技术要点

1. 放线定位

根据施工图及测量控制资料，按"从整体到局部"的原则进行桩基的位置放样。钻机施工前放出准确的桩位线，根据设计图纸使用全站仪定桩位，在桩位点打木桩或钢筋桩，桩上定出桩位中心，并用"十字栓桩法"做好标识，并加以保护。会同有关人员对轴线、桩位进行测整复核，并做出复核记录，经复核确认桩位的轴线正确无误，方可埋设护筒（图 3.2-3）。

2. 钢护筒埋设

（1）钢护筒加工

钢护筒孔径要准确，同时要有一定的刚度。在首节钢护筒顶部采用钢板进行局部加强，防止护筒在锤击打入过程中顶部发生变形。

（2）钢护筒埋设

钢护筒埋设采用打拔机将护筒提起，下放至孔底，同时根据定位桩调整护筒位置，

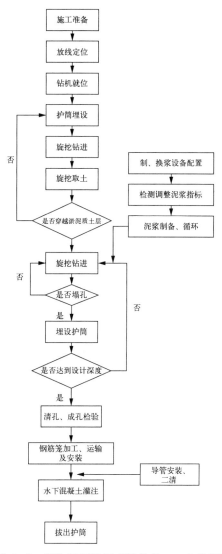

图 3.2-2 沿海深层淤泥半护筒施工工艺流程图

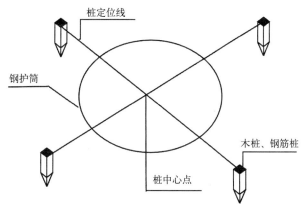

图 3.2-3 灌注桩定位示意图

确保护筒位置精准；调整护筒垂直度满足设计要求，采用打拔机将护筒逐步下沉，直至穿透淤泥层；控制护筒高度高于孔口高度0.3m以上。

采用水平尺严格控制护筒的垂直度，力求钢护筒垂直入土。一旦发现有偏斜的趋势，马上进行纠正，消除可能发生偏斜的不利因素。埋设钢护筒作业规范，满足钢护筒垂直度和护筒中心与桩位中心的要求。

3. 旋挖钻进及取土

由打拔机锤击护筒下沉，然后由旋挖钻进行开挖取土，根据工程淤泥质土厚度，选取合适深度开始进行泥浆制备及灌注，确保底部无护筒部分提前具备护壁压力。当旋挖取土超过护筒段后，持续进行开挖，并观察土质及承压水层泥浆护壁效果。钻进过程中要随时检查钢护筒垂直度及孔壁土的稳定性。钻至设计标高时用带有活门的筒形钻清理沉渣，即一次清孔。当孔壁泥浆皮沉淀较厚时，可用扫孔钻头上下往复，扫刷孔壁。清孔后提出钻头，由现场监理工程师进行孔径、孔深、垂直度检测，验收合格后，移走钻机，盖好盖板，进行下道工序施工。

4. 清孔、成孔检验

（1）当混凝土浇筑前孔内沉渣厚度大于200mm时，应采取清孔措施进行清孔。

（2）在导管上端加封口帽进行清孔，用大功率泥浆泵将底部沉淀物冲出；或采用气举法将沉淀物吹出，沉淀物随泥浆流出孔外，保证沉渣厚度满足规范和设计要求。

（3）钻孔清孔完毕后，在安装钢筋笼之前，由质量检查人员检查成孔质量，泥浆指标测试，孔底沉渣厚度等。做好钻进施工记录和泥浆质量检查记录，成孔深度及沉渣厚度验收合格后由监理工程师验收。

5. 导管安装、检测及二次清孔

导管安装前根据桩孔深度确定导管拼装长度，导管下部距桩底距离应控制到30～50cm之间。导管安装需保证导管接头的密封性，初次导管使用前进行水密承压和接头抗拉试验。

安装时，应对导管接头丝扣进行打磨、抹油并切实加垫拧紧，发现破损松弛的橡皮密封圈应及时更换，同时记录每节导管长度。根据实测孔深组配导管，导管应编号，并做好长度标记，导管口离孔底30～50cm。导管安装完毕，再次检查孔内泥浆性能指标和孔底沉渣厚度，沉渣厚度不得大于20cm，否则采用正循环法利用导管进行二次清孔。

6. 拔出护筒

应在混凝土初凝前振动起拔钢护筒（一般在浇筑结束后1～2h内），以免混凝土初凝后护筒无法拔出。混凝土灌注满足要求后，打拔机设备重新就位，将护筒拔出桩孔，护筒循环使用。拔护筒控制要点：

（1）拔除护筒过程中，打拔机应匀速操作，防止提拔速度过快，导致混凝土密实度下降，影响桩体质量。

（2）护筒拔出应保持垂直，在施工人员指挥下完成，保证护筒垂直度，防止护筒垂直度变化造成桩体局部夹泥。

（3）为保证桩头质量，混凝土应超灌 800mm。护筒拔至最后一节时，应检查护筒混凝土标高，如果混凝土桩顶标高不够，应将护筒泥浆清理干净，进行二次灌注。

3.3 溶洞区全护筒灌注桩施工关键技术

3.3.1 技术概况

全护筒灌注桩施工，即在旋挖钻机旋挖成孔时，将钢护筒埋入地下一定深度，然后在护筒内取土成孔；在灌注混凝土时，随灌随拔护筒，保证混凝土始终埋深护筒一段距离；混凝土灌注完成后，将护筒拔出。

3.3.2 适用范围

溶洞区全护筒灌注桩施工关键技术适用于直径为 600～2500mm 的钻孔灌注桩，钻孔灌注桩长度不大于 40m 的桩基工程；尤其适用于地下水位较高、易塌孔，使用普通泥浆及化学泥浆无法成孔的地层（如卵石土层、角砾石土层、砂层、岩溶地层等）。

3.3.3 施工工艺

溶洞区全护筒灌注桩施工工艺流程图如图 3.3-1 所示。

3.3.4 技术要点

1. 地质勘察

施工前确定桩基溶洞以及溶洞的位置、大小、类型，施工过程中合理采用注浆、灌注低强度等级混凝土、钢护筒跟进、回填块石黏土等施工方式处理溶洞。

2. 泥浆配制

（1）泥浆拌制选用高效、低噪声的高速回转搅拌机。

（2）每槽泥浆的搅拌时间为 3～5min。

（3）各种材料用量应按实验室确定的配比配制，误差不得大于 5%。

（4）泥浆处理剂如纯碱，使用前宜配置一定浓度的水溶液，以提高其效果。

（5）储浆池内泥浆应经常搅动，保持指标均一，避免沉淀或离析。

3. 钻进成孔注意事项

（1）钻具卡埋

钻具卡埋是旋挖钻进施工中最容易发生的、也是危害较大的事故。因此在施工过

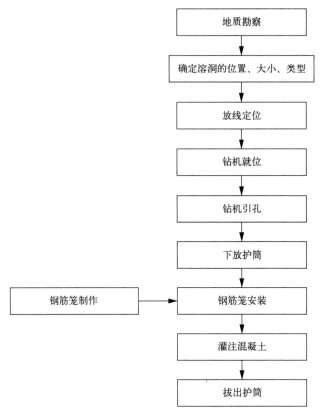

图 3.3-1 溶洞区全护筒灌注桩施工工艺流程图

程中一定要采取积极主动的措施加以预防；一旦出现事故，要采取有效措施及时处理。

发生的原因及预防措施：

1）较疏松的砂卵层或流砂层，孔壁易发生大面积塌方而造成埋钻。在钻遇此地层前，应提前制定对策，如调整泥浆性能、埋设长护筒等。

2）黏泥层一次进尺太深孔壁易缩径而造成卡钻。在这类地层钻进要控制一次进尺量，一次钻进深度最好不超过 40cm。

3）钻头边齿、侧齿磨损严重而无法保证成孔直径，钻筒外壁与孔壁间无间隙，如钻进过深，则易造成卡钻。因此，钻筒直径一般应比成孔直径小 6cm 以上，边齿、侧齿应加长，以占钻斗筒长的 2/3 为宜，同时在使用过程中，钻头边齿、侧齿磨损后要及时修复。

4）因机械事故而使钻头在孔底停留时间过长，导致钻头筒壁四周沉渣太多或孔壁缩径而造成卡埋钻。因此，平时要注意钻机本身的及时保养和维修，同时调整好泥浆性能，使孔底在一定时间内无沉渣。

处理卡埋钻具的方法主要有：

1）直接起吊法，即用起重机或液压顶升机直接向上施力起吊。

2）钻头周围疏通法，即用反循环或水下切割等方法，清理钻筒四周沉渣，然后再起吊。

3）高压喷射法，即在原钻孔两侧对称打 2 个小孔（小孔中心距钻头边缘 0.5m 左右），然后下入喷管对准被卡的钻头高压喷射，直至两孔喷穿，使原孔内沉渣落入小孔内，即可回转提升被卡钻头。

4）护壁开挖法，即卡钻位置不深时，用护筒、水泥等物品护壁，人工直接开挖清理沉渣。

（2）主卷扬钢绳拉断

钻进过程中如操作不当，易造成主卷扬钢绳拉断。因此，钻进过程中，要注意提钻时卷扬机卷绳和出绳不可过猛或过松、不要互相压咬，提钻时先释放地层对钻头的包裹力或先用液压系统起拔钻具。如果钢绳出现拉毛现象应及时更换，以免钢绳拉断而造成钻具脱落事故。

（3）动力头内套磨损、漏油

发生这一现象的原因除钻机设计上存在欠缺外，主要是超钻机设计能力钻进所致，所以要注意旋挖钻机的设计施工能力，不要超负荷运行。

4. 钢护筒跟进

（1）钢护筒埋设

钢护筒埋设采用打拔机将护筒提起，下放至孔底，同时根据定位桩调整护筒位置，确保护筒位置精准；调整护筒垂直度满足设计要求，采用打拔机将护筒逐步下沉；控制护筒高度高于孔口高度 0.3m 以上。

采用水平尺严格控制护筒的垂直度，力求钢护筒垂直入土。若一旦发现有偏斜的趋势，马上进行纠正，消除可能发生偏斜的不利因素。埋设钢护筒作业规范，满足钢护筒垂直度和护筒中心与桩位中心的要求。

（2）钢护筒接长

各节内钢护筒的连接焊缝全部采用双面开坡口进行满焊，两节护筒的接缝除施焊外，还需在接缝处焊接加强钢带，以保证其尺寸准确，使护筒体顺直度达到要求。

（3）护筒下至溶洞处的处理

由于护筒下沉过程存在贯通溶洞困难情况，需采用冲锤预先凿穿，或未下放内护筒前预先钻孔施工可能贯通的溶洞；处理不当有可能出现卡锤或漏浆造成坍孔等情况。需根据各方资料或结合已施工的桩基情况，详细了解溶洞顶标高的准确位置后，严格按照以下进行处理：钻机钻至溶洞顶部范围，要缓慢进尺至溶洞处形成小裂口。进入溶洞后，孔内的泥浆将全部漏失；需尽快钻穿溶洞，将拼装备好的护筒及时下放，再用钻机进行反复回钻、跟进钢护筒至设计标高。

3.4 裂隙陷穴区预注浆灌注桩施工关键技术

3.4.1 技术概况

裂隙陷穴区预注浆灌注桩施工关键技术是指桩基施工前,采用"注浆法"对桩基范围内地基进行钻孔处理,通过向注浆孔内安装注浆管,并采用注浆泵逐次对注浆管进行注浆,形成水泥浆固结体,对地基中空隙填充、防渗、固结原土地基,改善土体稳定性,提高土体稳定强度。由于水泥浆液具有速凝的特点,能起到强化和加固作用;同时注浆过程中浆液流失少,从而有效提高充填量,及时补充了由诸多原因造成的土体损失。当水泥浆在充填土体中的空隙达到饱和后,会在压力作用下逐渐扩散不断充填空隙,能对周围土体产生挤压并劈入土体的薄弱部位,形成交叉网状凝固体,增强了土的密实度和压缩模量,从而为桩基施工创造条件。

3.4.2 适用范围

适用于黄土地区裂隙、陷穴地质条件下,各类新建或既有工程钻、挖、冲孔灌注桩及地下连续墙的桩端沉渣(虚土)、桩侧持力层区域泥皮和桩底、桩侧一定范围土体的加固。同时,该技术可固结原土地基,改善土体稳定性,解决软土地基加固、地表洞穴、裂缝处理、岩基断裂破碎带加固、水库堵漏等问题,应用范围广泛。

3.4.3 施工工艺

裂隙陷穴区预注浆灌注桩施工工艺流程图如图 3.4-1 所示。

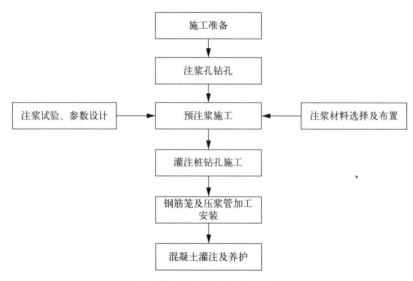

图 3.4-1 裂隙陷穴区预注浆灌注桩施工工艺流程图

3.4.4 技术要点

1. 施工准备

施工场区平整，须满足测量定位放线与钻孔施工要求。现场清理过程中，须将钻孔基础范围内的一切障碍物清除干净，以便于钻机造孔顺利进行。在施工场内应铺设场内道路，以满足材料运输。使用全站仪按照桩位坐标精确放出注浆孔中心、灌注桩中心线，并设置标记，绘制注浆孔及灌注桩平面布置图。

2. 注浆孔钻孔施工

（1）注浆孔布设

对于湿陷性黄土地区裂隙、陷穴分布较广，采用注浆法进行地基处理时需要对桩基范围内全部地基进行处理，方可保障后期桩基钻孔过程中泥浆不致流失。

（2）钻机安装定位

测定桩位轴线方格控制网和高程基准点，根据桩位进行孔口定位，孔口定位预检合格后安装成孔设备。同时用水平尺或垂球检查，保证竖直，然后进行开钻。设备布设位置不得影响施工的出碴道路。

（3）钻进成孔

注浆钻孔采用地质钻机，钻进方法为采用泥浆护壁、回转钻进的方法。注浆钻孔开孔直径要求120mm，垂直精度小于1.5%。钻孔泥浆配比经试验室根据具体地质情况进行试验确定。成孔深度一般要求比设计深度深20~30cm。

3. 预注浆施工

（1）注浆管选择及布置

成孔后下根据工程情况选择注浆管，注浆管数量根据注浆孔深度进行合理配置，一般距离孔底约30~50cm，注浆管底部设锥形喷嘴。

（2）注浆管注浆作业

1）注浆前试验

采取注水试验检查止浆塞的止浆效果，并测定钻孔的吸水量，进一步核实地层的透水性，为注浆选用泵量、泵压和确定浆液的配比提供参考数据。

2）注入水泥浆

打开注浆阀，先注水约2~3min，使孔隙畅通。然后注水泥浆约3min至正常后，迅速将吸浆龙头放进水泥浆桶，实施注浆。停止灌注时，用清水清洗管路，以预防堵管。

为防止窜浆，可实施隔孔注浆，并采用间歇注浆方式，使先注入的浆液初步达到胶结之后再进行注浆，并循环多次注浆，达到规定最小注浆量和注浆压力控制值之时结束。

3）注浆结束标准

以注浆压力的终值控制，当注浆压力由小增大，注浆量由大到小，最终达到或接近设计的注浆终压，并维持10min以上。

注浆流量随时间逐渐减少，最终小于1L/min，并维持10min以上。

遇到大"落水洞"，通过浆液浓度的变换仍达不到终压与注浆量的标准时，采取间歇注浆，待养护24h后复注，以控制设计的注浆量和达到设计终压。

施工过程中需对进出场原材料进行盘点核算，通过计算对比实际材料用量与理论用量的差别，判定注浆效果。

3.5 卵石地层冲击钻成孔灌注桩施工关键技术

3.5.1 技术概况

在桥梁基础施工过程中经常会遇到难成孔的砂卵石地层，如可能存在较大直径的孤石；若孤石在成桩孔内，容易造成卡锤或扩孔（局部塌孔）现象；卵石间空隙大，容易发生漏浆或塌孔现象；钻进过程中极易出现塌孔、漏浆、卡钻等现象；河卵石地层，成孔过程中卵石被击碎后，孔内含砂率普遍偏高等一系列问题。

3.5.2 适用范围

卵石地层冲击钻成孔灌注桩施工关键技术适用于地层中可能存在较大直径的孤石或卵石间空隙大等地层冲击钻施工和成桩。

3.5.3 施工工艺

卵石地层冲击钻成孔灌注桩施工工艺流程图如图3.5-1所示。

3.5.4 技术要点

施工现场复杂多变，在冲孔施工中可能发生漏浆、塌孔、涌沙、偏孔、斜孔、梅花孔、椭圆孔、弯孔和卡、掉钻头等现象。施工过程中可能出现的现象原因及处理措施如下：

1. 桩孔不圆呈梅花形

（1）原因

1）钻头转向装置失灵，冲击时钻头未转动。

2）浆液黏度过高，冲击转动阻力太大，钻头转动困难。

3）冲程太小，钻头转动时间不充分或转动较小。

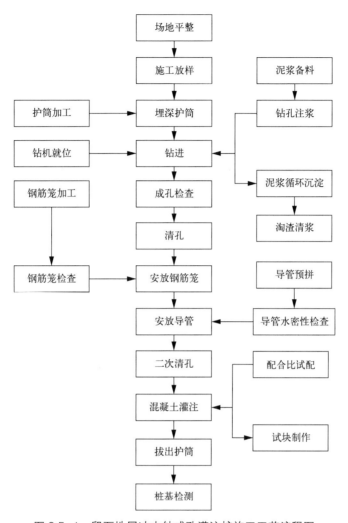

图 3.5-1 卵石地层冲击钻成孔灌注桩施工工艺流程图

(2) 措施

1) 检查钻头转向装置的灵活性。

2) 调整泥浆的黏度和相对密实度。

3) 用低冲程时,每冲击一段换用高冲程冲击,交替冲击修整孔形。

2. 坍孔、塌孔

(1) 原因

1) 当桩基穿过强透水的细砂层时,容易造成坍孔。

2) 重型过往车辆导致的振动。

(2) 措施

1) 司钻人员随时对照地质钻探资料检查孔内水头高度、泥浆稠度和孔外水位变化,钻头负荷是否正常,取渣时及时补水并认真分析泥浆颜色,渣样是否与抛填物和提供的地质资料相符,发现异常及时处理。

2) 长护筒跟进。钢护筒采用优质钢板制成。以地质钻探资料分析每根桩需要套入的钢护筒深度,在下护筒时防止底脚回卷,不得强制打入。

3. 冲击无钻进

(1) 原因

1) 钻头刃脚变钝或未焊牢被冲击掉。

2) 泥浆浓度不够,石渣沉于孔底,钻头重复击打石渣层。

(2) 措施

1) 磨损的刃齿用氧气乙炔割平,重新补焊。

2) 内抛黏土块,冲击造浆,增大泥浆浓度,勤掏渣。

4. 偏孔、斜孔

(1) 原因

1) 钻机安装就位稳定性差,作业时钻机安装不稳。

2) 地面软弱或软硬不均匀。

3) 土层呈斜状分布或土层中夹有大的孤石或其他硬物等情形。

(2) 措施

1) 先将场地夯实平整,轨道枕木宜均匀着地;安装钻机时要求机架中心与钻头起吊滑轮在同一轴线,钻头上钢绳中心位置偏差与桩中心偏差不大于2cm。在不均匀地层中钻孔时,采用自重大、桅杆刚度大的钻机。

2) 进入不均匀地层、斜状岩层或碰到孤石时,冲速要慢。钻孔偏斜时,可提起钻头,上下反复扫钻几次,如纠正无效,应于孔中局部回填黏土片石至偏孔处0.5m以上,重新钻进。

5. 卡钻

(1) 原因

1) 岩面倾斜卡钻。

2) 地质含软弱夹层(如断层、充填泥等),冲击太快,造成钻头在孔内荷重大于钻机本身提升能力而卡钻。

3) 填充物为软塑状黏泥吸钻。

4) 钻头转向装置不灵活(如副钢丝绳过紧、吊环不灵活)产生梅花孔而卡钻。

5) 更换钻头,新旧钻头直径尺寸相差大。

6) 钢护筒倾斜、卷边、脱节、错缝。

7) 因停电或因钻机事故,致停机时间长,沉渣埋住钻头。

(2) 措施

1) 预防为主。措施有:司钻人员随时观察钻机负荷和主绳摆动情况,定期测量钻头直径（新旧钻头直径相差不得超过50mm），及时进行钻头补焊，使钻头直径小于护筒内径20cm；严格按照钻孔工艺操作，杜绝出现探头石、台阶、梅花孔等，发现卡钻征兆及时提起钻头进行抛填处理。

2）改变钻头形式。在原十字形钻头上焊圈（钢轨或20～40mm厚钢板加工成弧形），把十字形连接起来，使之减慢钻进速度，一次成孔并圆顺。

3）卡钻后防止强行提主绳、强扭和操作不当使钢丝绳断裂而增加处理难度，应及时测量钻头被卡标高，查明原因采取相应对策。

6. 掉钻

（1）原因

施工机械所用的钢绳索陈旧，在施工过程中由于地质和人为因素造成，最易出现在卡钻处理中。掉钻主要原因为：

1）钻头连接不牢或断裂掉钻。

2）处理卡钻将钢丝绳提断或钻头提起后将主绳蹬断而掉钻。

3）钻头断裂掉钻。

（2）措施

1）钻头与钻体区段间加工成圆弧过渡，防止断面尺寸突变，形成薄弱部位引起应力集中而断裂。

2）在钻孔过程中要经常检查钻具、钢丝绳、钻头直径磨损程度，发现超限应及时更换。

3）随时准备好打捞工具，一旦掉钻及时打捞，防止沉渣埋钻。现场常利用掏渣桶加焊钢筋或角钢穿钢丝绳引套，还可采用锚钩法提升，效果都比较好，前者适用于深孔掉钻处理，后者用于一般孔掉钻处理。

7. 断桩

（1）原因

灌注水下混凝土是钻孔成桩的关键阶段，往往由于机具、材料准备工作及管理抓不好出现断桩事故，处理起来时间长，难度大。分析其原因：

1）灌注时间长、表层混凝土失去流动性，形成硬盖，而继续灌注的混凝土顶破硬层上升，将混有泥浆砂砾的混凝土表层覆盖包裹，该种断桩在混凝土灌注中不易被发现。

2）对孔深及导管的埋置深度量测不准，使导管提出混凝土面。

3）处理堵管时，将导管提升到最小埋置深度，猛提猛插导管，在此情况下有可能导管内混凝土连续下落与表面的浮浆、泥土相结合，形成夹泥缩孔。

4）当混凝土堵管或严重漏水或埋管拔出导管处理事故后，未能将已灌注的混凝土处理干净。

5）混凝土灌注过程中出现坍孔，无法进行清理，或使用吸泥机清理不彻底，形成灌注中断或混凝土中夹有泥石块。

6）导管发生埋管或导管挂在钢筋骨架上，采取强制提升而造成导管脱节。

7）施工中无备用设备，由于机械故障而导致混凝土灌注不连续。

8）混凝土灌注过程中，发生人力不可抗拒的自然灾害，迫使灌注停止。

（2）措施

1）保证混凝土的供应能力。每次灌注混凝土前要对输送设备、运输车辆台数进行计算。

2）对导管进行高压水试验检查（试水压力不应小于孔内水深压力的1.3倍宜等于孔底静水压力的1.5倍），使设备保持良好的工作状态。

3）组织好人员，分工明确，各负其责，严把工序衔接关，保证混凝土灌注质量和连续性。

4）测量混凝土面上升速度，导管埋置混凝土内以2～6m为宜。若上升缓慢必定是混凝土流失，埋管要保持至少2m，随灌混凝土随提升导管，减少对下部混凝土的扰动并防止上部混凝土初凝结壳造成夹泥断桩。

8. 卡管

（1）原因

1）初灌时，隔水栓堵管。

2）混凝土和易性、流动性差造成离析。

3）混凝土中粗骨料粒径过大。

4）各种机械故障引起混凝土浇筑不连续，在导管中停留时间过长而卡管。

5）导管进水造成混凝土离析。

（2）措施

1）使用的隔水栓直径应与导管内径相配，同时具有良好的隔水性能，保证顺利排出。在混凝土灌注时，应加强对混凝土运输时间和混凝土坍落度的控制。水下混凝土必须具备良好的和易性，配合比应通过实验室确定，坍落度宜为18～22cm，粗骨料的最大粒径不得大于导管直径和钢筋笼主筋最小净距的1/4，且应小于40mm。

2）水下混凝土宜掺外加剂改善混凝土的和易性和缓凝。应确保导管连接部位的密封性，导管使用前应试拼装、试压，试水压力宜为孔底静水压力的1.5倍，以避免导管进水。在混凝土浇筑过程中，混凝土应缓缓倒入漏斗的导管，避免在导管内形成高压气塞。在施工过程中，应时刻监控机械设备，确保机械运转正常，避免机械事故的发生。

9. 钢筋笼上浮

（1）原因

1）钢筋笼放置初始位置过高，混凝土流动性过小，导管在混凝土中埋置深度过大，钢筋笼被混凝土托顶上升。

2）当混凝土灌至钢筋笼下，若此时提升导管，导管底端距离钢筋笼仅有1m左右时，由于浇筑的混凝土自导管流出后冲击力较大，推动了钢筋笼的上浮。

3）由于混凝土灌注过钢筋笼且导管埋深较大时，其上层混凝土因浇筑时间较长，已接近初凝，表面形成硬壳，混凝土与钢筋笼有一定的握裹力，如此时导管底端未及时提到钢筋笼底部以上，混凝土在导管流出后将以一定的速度向上顶升，同时也带动钢筋笼上升。

（2）措施

1）钢筋笼初始位置应定位准确，并与孔口固定牢固。加快混凝土灌注速度，缩短灌注时间，或掺外加剂，防止混凝土顶层进入钢筋笼时流动性变小，混凝土接近笼时，控制导管埋深在2~6m。灌注混凝土过程中，应随时掌握混凝土浇筑的标高及导管埋深，当混凝土埋过钢筋笼底端4m时，应及时将导管提至钢筋笼底端以上。导管在混凝土面的埋置深度一般宜保持在2~6m，不宜大于6m和小于2m，严禁把导管提出混凝土面。

2）当发生钢筋笼上浮时，应立即停止灌注混凝土，并准确计算导管埋深和已浇混凝土面的标高，提升导管后再进行浇筑，上浮现象即可控制。

3）灌注混凝土时，桩顶比设计标高高0.5~1.0m。以保证混凝土强度，多余部分接桩前必须凿除，残余桩头应无松散层。

10. 钻孔漏浆

（1）原因

1）遇到透水性强或有地下水流动的土层。

2）护筒埋设过浅，回填土不密实或护筒接缝不严密，在护筒及脚或接缝处漏浆。

3）水头过高使孔壁渗透。

4）岩体裂隙发育。

（2）措施

适当加稠泥浆或倒入黏土慢速转动，或在回填土内掺片石，卵石，反复冲击，增强护壁、护筒周围及底部接缝，用土回填密实，适当控制孔内水头高度，不要使压力过大。

3.6 现浇承台大体积混凝土施工关键技术

3.6.1 大体积混凝土浇筑技术

1. 技术概况

大体积混凝土浇筑技术（图3.6-1）是指混凝土结构物实体最小尺寸不小于1.0m

的大体量混凝土浇筑方法,或预计会因混凝土中胶凝材料水化引起的温度变化和收缩而导致有害裂缝产生的混凝土浇筑方法。

图 3.6-1　承台大体积混凝土浇筑

2. 适用范围

适用于桥梁结构中的各类大体积混凝土结构(承台、墩柱、连续梁、现浇梁),其特点是通过规范混凝土工程施工的各个环节技术要求,保证大体积混凝土施工质量。

3. 施工工艺

大体积混凝土浇筑施工工艺流程图如图 3.6-2 所示。

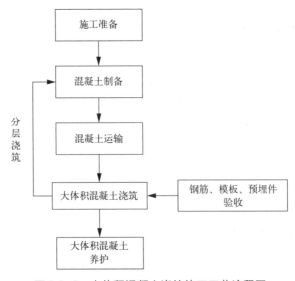

图 3.6-2　大体积混凝土浇筑施工工艺流程图

4. 技术要点

大体积混凝土浇筑过程中可能出现以下现象：

（1）施工冷缝

大体积混凝土结构浇筑难度较大，难以确保浇筑质量，施工人员操作不当，易出现施工冷缝，破坏结构的整体性。特别在分层浇筑阶段，冷缝现象的发生尤为常见。通常情况下，由于浇筑时间掌握不当，下层混凝土未达到初凝时间就开展上层混凝土浇筑工作，将导致混凝土浇筑失败，进而形成无法修复的施工冷缝。冷缝不仅导致上下两层混凝土无法充分结合，还难以保障施工质量，需进行返工处理，对建筑工程施工产生严重负面影响。

（2）温度裂缝

水泥在硬化时会产生大量的热量；热量在释放过程中，导致混凝土内部温度升高；由于内外部温差的影响，混凝土表面散热较快，但内部温度应力较大，当应力大于混凝土极限强度时便形成了温度裂缝，通常情况下温度裂缝的形态不规则。

（3）泌水现象

混凝土结构中的水泥材料吸水性较大，因此常有大量水分从混凝土结构表面析出，这即是泌水现象。混凝土泌水量与混凝土水泥成分、系数以及用水量有直接关系，与温度成反比关系。泌水现象也常发生在混凝土结构分层浇筑环节，由于这个环节的施工间隔难以控制，浇筑间隔不能过长或过短；如果不能对间隔时间精准把控，将导致混凝土结构粘结度不够，出现严重的泌水现象。

（4）干燥收缩缝

由于大体积混凝土结构通常采用泵送方式开展浇筑工作，导致结构的含水量更大；而这些水分主要为游离水分，将在混凝土结构硬化后蒸发到环境中；混凝土结构水分含量低，将引发干缩现象。由于外界条件的约束，干缩现象将在混凝土结构内部产生极大的拉应力。如果混凝土本身结构存在问题，将产生干燥收缩缝，这种裂缝对混凝土结构质量产生严重的负面影响。

针对可能出现的现象，可采取以下措施：

（1）严格遵循设计及规范要求

在大体积混凝土结构浇筑过程中，应严格按照国家规范规定开展设计及规划工作，尽可能选择水化热低的水泥，例如：火山灰硅酸盐水泥、矿渣硅酸盐水泥等，从而降低混凝土内部结构的温度应力。还可在混凝土拌和过程中掺入无机胶凝材料，如粉煤灰等，将掺入量控制在水泥的30%~50%间，利用无机胶凝材料的滚球效应，改善混凝土结构的粘结性，从而达到降低水化热的目的。在混凝土结构内掺入粉煤灰还能起到节约水泥的作用，降低施工成本。此外，为了提升混凝土结构的抗裂性，还可在混凝土结构中添加抗裂外加剂，减少混凝土结构的收缩，从而达到提升混凝土抗裂性的目的。

(2) 严格控制混凝土配合比

混凝土配合比对大体积混凝土质量起到重要作用。为了更好地对控制配合比，应采取以下措施：对水泥以及水用量进行控制，保障水泥含量满足规范要求，粗骨料以及细骨料也应配置合理，并多次开展混凝土适配试验，确保配合比满足要求。此外，应重点对配合比设计进行两方面考虑，降低水泥量以及泵送单位需求，提升无机胶凝材料的拌和量，大幅度降低水化热，保障混凝土结构的和易性。

(3) 避免施工冷缝的出现

在施工过程中，必须保障没有施工冷缝的出现，并且混凝土浇筑厚度应结合实际情况以及振动器深度进行确定。在混凝土泵送过程中，应将厚度控制在60cm以内，非泵送的混凝土应将厚度控制在40cm以内。在混凝土材料拌和阶段也需控制水泥材料种类以及水泥用量，添加适用性高的添加剂，并将拌和时间控制在30min以内，确保混凝土材料质量满足规范要求。

(4) 选取适用的混凝土浇筑模式

在大体积混凝土结构浇筑过程中，浇筑方案应符合整体设计需求，并结合混凝土供应、钢筋绑扎的密度以及结构大小等相关情况，运用合理的施工方式开展分层浇筑工作，确保混凝土厚度均匀。在混凝土结构进行浇筑时，需保障下层混凝土结构达到初凝要求后，方可开展上层混凝土浇筑工作，避免两层浇筑层间存在施工缝，并充分进行二次振捣，保障混凝土接缝处连接良好，从而提升整体结构的密实度，分层厚度需控制在20～30cm内。需配置专业操作人员开展混凝土振捣工作，并进行岗前培训，安排专业管理人员对施工全过程进行监督，避免漏振现象发生，从而保障振捣质量。大体积混凝土结构在实际浇筑中，需在混凝土结构初凝后，开展二次振捣工作，不断提升混凝土结构的密实度，尽可能将结构中的空气消除，避免干燥收缩裂缝的出现。

(5) 做好混凝土养护工作

大体积混凝土的养护工作较为复杂，应在开展工作前结合实际情况，选择适当的养护器具，保障后续养护工作的顺利开展。合理、有效的保温措施能够有效避免混凝土表面温度的扩散，降低表面裂缝出现的概率。此外，还需配置有效的测温方式，保障养护工作的有效性。当前的测温工作可分为计算机测温以及人工测温两种方式。计算机测温通过电阻传感器设备对温度进行记录，并将记录结果反馈至计算机中；人工测温主要是施工人员运用测温设备定期对结构温度进行记录。这两种方式在实际工作中不冲突，可将两种方式进行融合，提升测温工作质量。

3.6.2 大体积混凝土裂缝控制技术

1. 技术概况

大体积混凝土裂缝基本类型包括温度裂缝、塑性收缩裂缝、干缩裂缝、沉降裂缝等。

温度裂缝是大体积混凝土裂缝控制的关键,贯穿混凝土施工全过程,主要是通过控制水泥水化热、外界气温变化等减少温度裂缝。做好混凝土养护可以降低塑性收缩裂缝、干缩裂缝;保持稳定、可靠的地基和基础控制可以降低沉降裂缝。

大体积混凝土裂缝控制技术是通过对大体积混凝土裂缝类型和成因的分析,在大体积混凝土施工全过程中,通过采取技术措施,有效控制大体积混凝土的裂缝。

2. 适用范围

适用于桥梁结构中的各类大体积混凝土结构(承台、墩柱、连续梁、现浇梁),其特点是通过对大体积混凝土裂缝类型和成因的分析,采取针对性措施,控制大体积混凝土裂缝。

3. 施工工艺

大体积混凝土裂缝控制工艺流程图如图 3.6-3 所示。

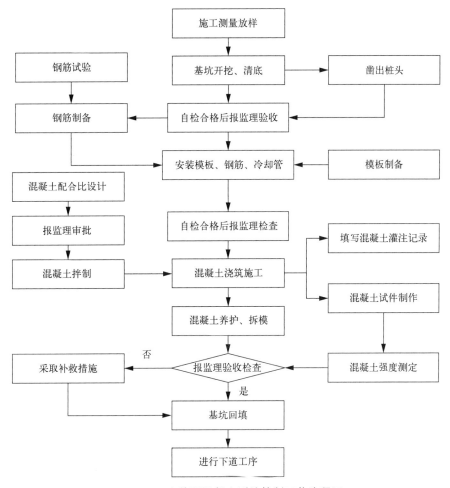

图 3.6-3 大体积混凝土裂缝控制工艺流程图

4. 技术要点

(1) 施工图设计阶段裂缝控制

在设计过程中,对结构形式与分块采用合理的设计并对设计条件进行改善,可避免大体积混凝土外部受力过大产生裂缝。为降低非荷载裂缝出现概率,还需重视大体积混凝土构造结构,通过配筋构造及温度控制降低裂缝出现率。

(2) 施工阶段裂缝控制

1) 降低混凝土浇筑入模温度

在混凝土浇筑时,选择合适的温度进行浇筑,温度过低或过高对浇筑质量都会造成一定的影响;若是夏天可以选择夜间进行浇筑,尽量避免在午间高温时浇筑混凝土。材料提前一周进行准备,优先采用进场时间较长的水泥,水泥温度宜保持在50℃以下。骨料搭建厂棚或进行覆盖,避免长时间暴晒。拌和用水的蓄水池在夏天需搭建凉棚,避免阳光直射。

2) 优化混凝土浇筑方案

混凝土浇筑后,需严格控制初凝时间。除此之外还要保证混凝土内部结构的恒温,防止裂缝出现。混凝土需分层浇筑,可降低内部温度,进行间接散热,控制混凝土内部温度并开展二次收浆,避免表面出现龟裂。

3) 合理的振捣

在对混凝土振捣时,使用高频振动器振捣,振动器应插入下层混凝土5~10cm处,均匀排列与振实;后振动器插点间距保持为振动器半径的1.5倍,不可对模板与钢筋造成损伤。振捣时间可在15s,待混凝土表面无沉陷、无塌落、出现浮浆后停止。

4) 温度监测,埋设冷却管

大体积混凝土在浇灌前,在结构内部预埋一定数量的冷却管,在合理位置上布置测温点,冷却管和测温点的位置和间距需根据实际情况确定。混凝土浇筑过程及浇筑完成后,可根据测得温度向预埋的冷却管内注入一定冷却水,保证温差小于25℃,利用循环水带走水化热;冷却水的流量需适当控制,保证降温速率不大于15/d。温控完成后采用高强度等级灌浆料封堵冷却管、测温点。尽管此种方法需增加成本,却是降低大体积混凝土水化热温度的有效措施。

(3) 养护阶段裂缝控制

1) 拆模前养护

混凝土浇筑完成后,在高温环境下可采取喷淋养护,在低温环境下可采用铺设防风棉被养护;养护过程中不得干湿交替,避免反复收缩加剧裂缝发育。养护过程中,避免持续日照暴晒;施工前根据水泥及外加剂类型或试验结论,规划拆模前后养护时间,现场还需根据温度、湿度监控结果,合理判定。保证带模养护时间,减缓混凝土表面温度、湿度变化速率，使混凝土局部温度应力恒低于抗拉强度。

2）拆模后养护

拆模后应及时延续对混凝土表面进行控温保湿，并可在大体积混凝土表面涂刷防护剂（如硅烷液体等），在混凝土表面形成薄膜层，延缓水分流失。初凝前表面刮平、终凝前再适当抹面也可在一定程度上减少表层裂缝。

3.7 装配式承台施工关键技术

3.7.1 技术概况

装配式承台施工工艺多用于水中承台施工，一般有两种施工工艺。第一种为承台二次下放技术，采用预制混凝土套箱作为承台预制外壳；混凝土套箱为钢筋混凝土薄壁结构，外形平面尺寸与承台相同，混凝土套箱既是承台的模板又是承台的保护壳和组成部分。承台外壳在水中平台上预制，预制完成后进行二次下放。第二种为承台岸上预制起重船吊装技术，其采用岸上预制并用起重船吊装下放安装的施工方法（图3.7-1）。

图3.7-1 承台岸上预制起重船吊装图

3.7.2 适用范围

适合通航跨或辅通航跨承台施工，适用于承台水位较浅、工期较紧张、无法采用传统吊模施工承台的桥梁工程施工。

3.7.3 施工工艺

（1）承台二次下放技术施工工艺流程图如图3.7-2所示。

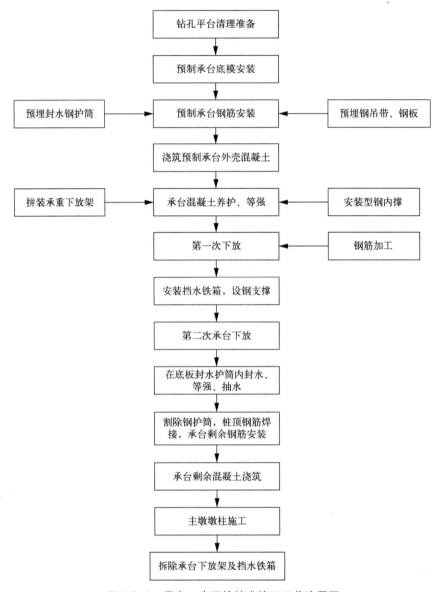

图 3.7-2 承台二次下放技术施工工艺流程图

（2）承台岸上预制起重船吊装技术施工工艺流程图如图 3.7-3 所示。

3.7.4 技术要点

1. 承台二次下放技术

（1）承台外壳预制

为减少承台下放的重量，承台预制只预制外壳部分，即无盖板的有底空箱体，外轮廓尺寸根据设计承台尺寸确定。在承台底板相应桩基位置预埋封水钢护筒，封水护筒底部设活动挡板，便于封水堵漏施工。

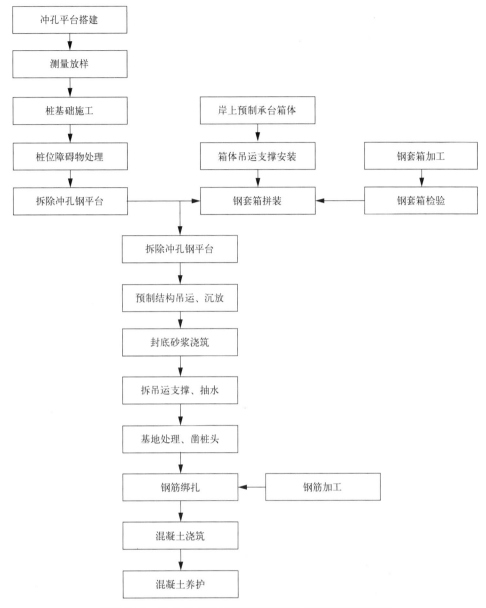

图 3.7-3 承台岸上预制起重船吊装技术施工工艺流程图

承台在原主墩桩基础施工平台上预制，先对桩基施工平台进行改造，安装好底模后安装钢筋，钢筋在预留孔处断开。木模上的钢筋预留孔在安装钢筋时现场开孔，以确保钢筋位置准确。钢筋安装完毕后安装预埋精轧螺纹钢吊带和封水钢护筒，钢护筒与预制承台外壳底板钢筋进行有效连接；考虑封水，钢护筒可伸出承台底板底面适当长度。承台外壳的底模、钢筋、侧模、预埋件等均安装完成后，进行壳体混凝土浇筑，按设计采用对应强度等级混凝土。

承台设计一般是按整体浇筑来设计，而采用预制承台外壳下放施工在施工工况上与常规围堰法施工有所不同；故在承台预制时需要采取某些施工辅助构造措施，才能确保承台工程质量和施工安全。

（2）下放架安装和预制外壳二次下放

预制承台外壳分两次下放到位，第一次下放至一定高程后临时固定，安装挡水铁箱；第二次下放安装到位。

吊带预埋及安装注意调整好垂直度，保证起吊后承台不偏位。为降低吊带与承台连接处局部应力，可预埋钢管，并将吊带一端通过连接点固定在预埋钢管上方，同时限制吊带转动。

待混凝强度土达到 80% 时，方可以进行第一次下放。下放前先将承台均匀顶起 40～50cm，拆除承台底板及分布梁后，准备下放。当预制承台外壳下降到一定高程后，临时固定，完成第一次下放；开始安装挡水铁箱和内支撑放挡水铁箱即是预制承台外模板。挡水铁箱与预制承台间的连接方式有两种，一种是在预制承台外侧预埋钢带，挡水铁箱与钢带采用满焊连接；第二种是在预制承台顶部预埋连接螺栓，挡水铁箱与承台通过螺栓连接，挡水铁箱与承台顶部之间设橡胶垫圈以止水。

安装完挡水铁箱后开始第二次下放。下放时须精确观测承台面标高（在四角位均设高程观测点），尤其是承台外壳面进入水面后的观测。下放精度直接影响承台的安装精度及平面位置精度，超出精度范围应及时进行调整，下放时应按照预先定位的标尺进行控制，每 5cm 检查吊点。下放高度不够或超过的应该进行调整，既有利于下放系统的均匀受力，又利于控制下放精度。承台下放至设计标高位置后固定各吊点，进入封底施工。

（3）填筑内腔及预留孔混凝土

预制承台外壳下放到设计标高后停止下放，复核承台的水平位置，准备封底。由于封水钢护筒底部已经设有活动挡板，预制承台外壳下放就位后，活动挡板自动呈水平状态或斜向搭在桩基施工钢护筒上。封底砂浆浇筑完成后等强 3d，抽除护筒内的水，割除桩基础施工钢护筒，接驳处理承台底部主筋、安装剩余承台钢筋、预埋墩身钢筋，浇筑第二次承台混凝土，第二次混凝土和预制外壳共同组成承台结构；待混凝土达到设计强度，承台与桩基固定后，拆除吊杆，墩柱施工完毕后，拆除挡水铁箱。

2. 承台岸上预制起重船吊装技术

（1）承台外壳预制

预留孔在施工过程中须保证尺寸及位置准确。木模上的钢筋预留孔在安装钢筋时现场开孔，以确保钢筋位置准确。钢筋安装完毕即安装侧模及预埋件，支撑好侧模即可浇筑混凝土。

承台外壳浇筑完成后，应在其顶部安装挡水铁箱，挡水铁箱的高度与水中承台顶面的入水水深有关；在预制承台吊装就位后，挡水铁箱的顶面标高比施工期最高水位高出 50cm 以上，挡水铁箱可分节、分块安装。

（2）预制承台外壳的吊运

吊运前应与航道部门先进行联系，对外进行公告，在吊运的航道上进行封航。吊运时船只应保持匀速、稳定，使承台箱体结构基本处于受力稳定状态（图 3.7-4）。吊运对潮位、流速、风向以及水上能见度等均有严格的要求。

图 3.7-4　预制承台外壳的吊运

预制承台吊运到设计桩位后，先派潜水员进入承台位置，对该位置的情况进行摸查，排除会影响承台预制结构定位的障碍物。

预制承台经测量定位后下沉，下沉过程中水体由预留孔洞进入预制承台内部，并在预制承台内形成自由液面，能够平衡内外水压力，对预制承台的稳定性有利。测量人员负责随时监控预制承台是否处于水平状态和有无障碍物情况，发现结构下沉不均匀或倾斜时，及时纠正后继续下沉。

（3）就位后锁定

预制承台就位后，为防止在水流作用下预制承台发生滑移、倾覆等不利情况，应尽快采取预先设计好的连接措施进行预制结构的锁定连接作业（图 3.7-5）。

图 3.7-5 预制承台外壳安装

(4) 填筑内腔及预留孔混凝土

填筑内腔及预留孔混凝土技术要点同承台二次下放技术相同,此处不再赘述。

第 4 章　墩台工程施工关键技术

桥梁墩台是桥墩和桥台的合称，桥墩位于相邻桥跨之间，桥台位于桥梁两端。桥梁墩台是支承桥梁上部结构的构筑物。本章节总结了工程中应用最广泛、最具代表性的6种墩台工程施工关键技术，包括墩柱定型钢模施工、高墩翻模施工、高墩液压爬模施工、高墩滑模施工、装配式墩柱施工、高墩季节性养护。

4.1 墩柱定型钢模施工关键技术

4.1.1 技术概况

定型钢模板是一种用于定型的组合式钢模板，由定型钢模板和配件两部分组成。钢模板包括平面钢模板、阴角钢模板、阳角模板、连接角模板以及其他钢模板。配件又称支模工具，由连接件和支承件两部分组成，其中连接件包括U形卡、L形插销、钩头螺栓、紧固螺栓、模板拉杆和扣件；支承件包括钢楞、柱箍、梁卡具、圈梁卡、钢管架、斜撑、组合支柱、钢管脚手支架和可调桁架。定型钢模板的板块尺寸应根据实际情况定制，用起重机整体吊装，并由连接件固定（图4.1-1）。

图 4.1-1 墩柱定型钢模施工现场图

4.1.2 适用范围

墩柱定型钢模板施工技术适用于立柱柱形墩、方柱墩、异型墩等高度较小的墩柱。

4.1.3 施工工艺

墩柱定型钢模施工工艺流程图如图4.1-2所示。

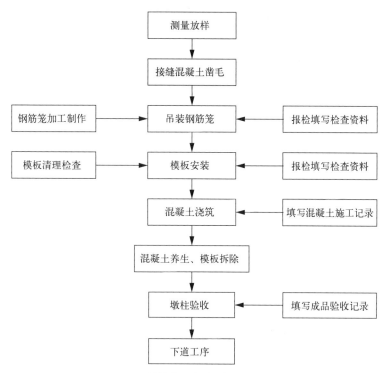

图4.1-2 墩柱定型钢模施工工艺流程图

4.1.4 技术要点

以圆柱墩施工为例，介绍定型钢模板施工关键技术。

1. 测量放样

（1）圆柱墩中心位置及垂直控制

圆柱墩施工前，用全站仪坐标法测设圆柱墩中心点，并用经校验过的钢尺复核墩间跨径是否准确无误；然后支立模板，底节模板垂直度用吊线控制。支立上节模板时，并进行相应纠偏工作，用吊线检查垂直度；圆柱墩模板安装完成后，复核圆柱墩顶面的平面偏差，控制柱顶中心位置偏差应在10mm之内。用吊垂直线的方法检查圆柱墩的垂直度，其垂直度允许偏差为0.3%h，且不大于20mm。圆柱墩模板测量复核无误后采用缆风绳固定，固定高度宜为5/6h，缆风绳应固定拉紧（图4.1-3）。

（2）圆柱墩施工标高控制

圆柱墩地面施工后，在圆柱墩顶测设临时高程控制点，每浇筑一节圆柱墩用钢尺将高程点上引，定期对平面及高程控制桩进行复核。

图 4.1-3　测量放样

（3）接缝混凝土顶面凿毛及清理

如无系梁，则将破桩头的桩顶部清洗干净。如有承台或系梁，应清理承台或系梁顶面，预留钢筋表面应除锈去浆，检查承台顶面高程、坐标位置及圆柱预埋筋位置（图 4.1-4）。

图 4.1-4　桩接柱及凿毛处理

2. 模板安装

（1）根据设计图纸墩柱尺寸大小，墩柱模板统一在加工厂制作，按标准化要求实行准入制度。每节定型钢模由两块模板围成。面板为钢板，背棱用槽钢或角钢加强，以保证模板具有一定的刚度，起吊和浇筑时不易产生变形，拼缝位置宜设置定位销，控制错台现象。

（2）模型拼装：按照墩柱高度预拼 2 个半圆形模板，用起重机进行吊装，模板在正式安装前需在现场进行试拼工作；拼装之前要仔细检查模板的规格型号、平整度和光洁度，并涂刷隔离剂，不符合要求的模板不能使用。在模板安装时，拼接面之间设置一道双面胶条，防止浇筑施工中浆液串漏，保证模板错台小于3mm。模板在现场预拼检验合格后进行整体吊装、安装，模板安装前需检验模板底口地面平整度是否满足要求，若存在不平整现象，需采用高强砂浆进行调平，四周紧靠模板外侧设置固定锚栓，确保模板整体安装后垂直精度及模板移位。第一节段模板安装至第一节柱系梁下口，模板安装与拆卸均由起重机完成。墩柱模板安装时的倾斜度用全站仪精确控制，浇筑混凝土前进行校核。模板安装完成后用缆风绳固定，缆风绳上设捯链进行调节固定（图4.1-5）。

图 4.1-5　圆柱墩模板安装效果

（3）模板校正与支撑稳固：模板拼装好后，安装钢丝绳作缆风绳，上端与模板相连接，下端固定在地面的预埋钢筋桩上。预埋钢筋采用螺纹钢制作，固定在地面，每根钢丝绳上设置捯链用以紧固钢丝绳，调整模板垂直度。先采用吊锤球法进行模板调整，然后利用全站仪进行精确放样定位，在测量组的指挥下，调节缆风绳上的捯链使模板垂直，最后用脚手架钢管撑紧模板，以保稳定。

（4）柱间系梁模板安装：柱间系梁模板安装均采用抱箍法，待搭设好施工平台后，现场拼装；待墩身混凝土浇筑后强度达到一定强度时，安装墩间系梁模板，墩间系梁模板采用定型组合钢模板，模板安装完毕检验合格进行墩间系梁混凝土浇筑。

（5）安装第二节段模板：待第一节段混凝土强度达到70%后，安装第二节段墩柱模板（包括系梁模板）至盖梁下口，模板安装与拆卸均由起重机配合人工完成。墩柱模板安装时的倾斜度用经纬仪精确控制，浇筑混凝土前进行校核。模板一般用风缆固定，风缆上设花篮螺丝调节、紧固；模板拼装好后，安装钢丝绳作缆风绳，上端与模板连接，下端固定在地面上的钢筋桩上，然后利用全站仪进行放样定位；在测量组的指挥下，调节缆风绳上的松紧螺栓使模板垂直，最后用脚手架钢管撑紧模板，以保稳定（图4.1-6）。

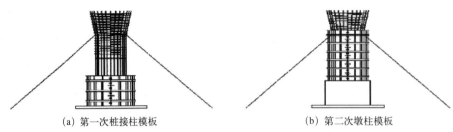

(a) 第一次桩接柱模板　　　　　　(b) 第二次墩柱模板

图 4.1-6　墩柱模板示意图

(6) 模板检测及报验：模板拼装完成后，利用全站仪检查调整模板的垂直度、平面尺寸、顶部标高和纵横向稳定性，误差不大于3mm。模板加固及自检合格后，报监理工程师检查合格后浇筑混凝土。

(7) 搭设浇筑平台：墩柱模板安装完毕后，在墩柱周边搭设混凝土施工作业平台，以满足墩柱混凝土灌注振捣、养护和拆模的需要。为防止荷载影响墩柱模板变形移位，施工人员上下采用定型爬梯通行，根据施工需要同时配备墩柱施工专用举升平车作为施工平台。

4.2　高墩翻模施工关键技术

4.2.1　技术概况

高墩翻模施工关键技术是将墩身分成等高的节段，由下向上分段浇筑；即利用下面已浇筑成型的钢筋混凝土为支撑主体，模板通过拉杆与混凝土密贴，并利用下层模板与混凝土之间的粘结力和摩擦力支撑上层模板及操作平台。随着墩身钢筋骨架的接高，通过起重设备逐节提升模板及操作平台，实现模板不断上翻，完成每节墩身混凝土的浇筑，如此反复循环直至墩顶（图 4.2-1）。

图 4.2-1　高墩翻模施工现场图

4.2.2 适用范围

高墩翻模施工关键技术适用于桥梁高墩（塔）柱的现浇混凝土施工，尤其对异型截面、截面变化大、大角度倾斜墩塔、柱间连系梁多的墩（塔）具有很好的适应性。较其他方式模板施工方法，高墩翻模施工模板拼装简单，混凝土要求较低，外观质量易控制，可充分利用已有起重设备，无需另行投入滑升或爬升设备，经济优势明显。

4.2.3 施工工艺

高墩翻模施工工艺流程图如图 4.2-2 所示。

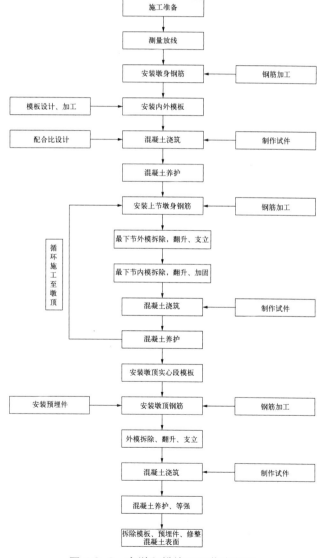

图 4.2-2 高墩翻模施工工艺流程图

4.2.4 技术要点

1. 模板设计

高墩翻模施工技术一般针对两种不同类型的墩柱，分别为空心直墩、实心直墩。每种类型墩柱针对不同的墩柱高度，配置不同高度的调整节模板。其中坡墩模板，在翻模过程中，增加不同长度的调整节模板，变截面一侧模板背楞设计为活连接形式，背楞长度考虑墩柱最大截面，对拉螺栓位置根据实际情况现场调整。

2. 工作平台

工作平台分为模板工作平台和钢筋工作平台。模板工作平台设置在翻模外侧，采用钢管制成可拆卸骨架及栏杆，上部搭设木板，主要提供人员工作和小型机具的操作平台。每节模板均设工作平台，并用螺栓与模板连接，随模板一起向上翻升，为模板组装、拆模提供作业空间。

钢筋工作平台采用钢管及角钢地面制作。绑扎钢筋前由塔式起重机提升至已浇筑段顶面，并由螺栓将四脚固定在模板上，钢筋绑扎完成后吊至地面，以备下次使用（图4.2-3）。

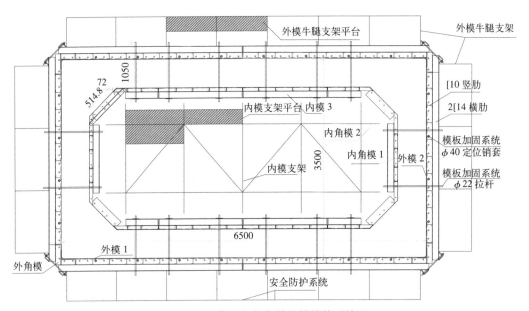

图4.2-3 薄壁空心高墩翻模结构系统图

3. 模板翻升

模板翻升主要通过塔式起重机来实现。混凝土施工完毕并达到一定龄期以后，拆除最下节模板，将模板向外移出翻升到混凝土顶部，安装连接螺栓固定形成封闭结构。按同样方法将第二节模板同样翻升到支护完毕模板的顶部。将两层模板支护完毕后，提升内模并与外模采用拉杆连接,形成稳定结构,浇筑混凝土,依次类推实现墩身施工。每次翻升保留上面一节模板,把最下面两节模板拆开并移出,利用塔式起重机将模板吊起,放置于下层模板相应位置上,进行模板组装、连接。

4. 模板翻升控制措施

模板经过设计保证支架强度、刚度和稳定性,能够支撑施工作业人员和设备的重量。组装过程应严格按照吊装和现场施工的要求进行控制,安全、平稳、顺利地安装模板。

翻模施工时,落模后需将模板向外滑出再起吊,在每块模板架底横杆上设有简易滚轮滑轨,滑出后利用塔式起重机向上翻升。翻模时,保留最顶层模板,作为翻升下层模板的持力部分;然后,把下两层模板拆开并滑出,利用塔式起重机将模板吊起,并放置于顶层模板相应平面位置上,将模板与周围模板连接。四周平台随着模板拆装,模板外延必须设置好防护栏杆,并且经常检查,以防出现安全事故。

4.3 高墩液压爬模施工关键技术

4.3.1 技术概况

高墩液压爬模是爬模装置通过承载体附着在混凝土结构上,当新浇筑的混凝土脱模后,以液压油缸为动力,以导轨为爬升轨道,将爬模装置向上爬升一层,反复循环作业的施工技术(图4.3-1)。其工艺原理为自爬模的顶升运动通过液压油缸对导轨和爬架交替顶升来实现。导轨和爬模架互不关联,二者之间可进行相对运动。当爬模架工作时,导轨和爬模架都支撑在埋件支座上,两者之间无相对运动。退模后立即在退模留下的爬锥上安装受力螺栓、挂座体及埋件支座,调整上、下换向盒棘爪方向来顶升导轨,待导轨顶升到位,就位于该埋件支座上后,操作人员需立即转到下平台,拆

图 4.3-1 高墩液压爬模施工现场图

除导轨提升后，露出位于下平台处的埋件支座、爬锥等。在解除爬模架上所有拉结之后就可以开始顶升爬模架，这时候导轨保持不动，调整上下棘爪方向后启动油缸，爬模架就相对于导轨运动，通过导轨和爬模架这种交替附墙，互为提升对象，爬模架即可沿着墙体上预留爬锥逐层提升。

4.3.2 适用范围

高墩液压爬模施工技术适用于桥墩、桥塔等现浇钢筋混凝土结构工程的液压爬升模板施工。液压爬模架体优点是组装完成后进入标准段施工时可依靠自身的动力系统爬升，不占用塔式起重机吊装；可以大幅度加快施工进度，且架体有完善的安全围护体系，保证施工安全。

4.3.3 施工工艺

高墩液压爬模施工工艺流程图如图 4.3-2 所示。

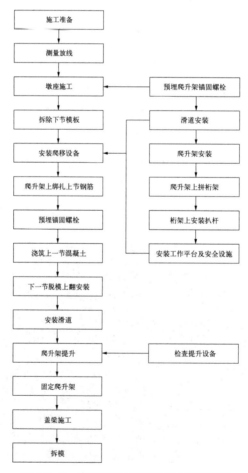

图 4.3-2 高墩液压爬模施工工艺流程图

4.3.4 技术要点

1. 模板设计

根据墙体结构自身的质量需要，结合爬模工艺特点，可采用钢-木组合模板体系，两塔肢内侧采用井筒平台，其余面采用架体，模板配置高度略高于标准浇筑高度。面板可采用进口维萨板，竖向背肋采用木工字梁，面板与竖肋可采用自攻螺丝和地板钉正面连接。横向背肋采用槽钢，竖肋与横肋采用连接爪连接，在竖肋上两侧对称设置两个吊钩，竖向主背棱采用槽钢。两块模板之间采用芯带连接，芯带销固定，保证模板的整体性，使模板受力更加合理、可靠。木梁直模板为装卸式模板，拼装方便，在一定范围和程度上能拼装成各种尺寸的模板。

模板背面设有调节螺杆，底部设有滑道，便于模板水平向移动，脱模后利用滑道可将整块外模水平移动。

阳角处模板通过斜拉杆连接，角部形成企口形式，因为斜拉杆受力，能有效保证模板角部不胀开和漏浆（图4.3-3）。

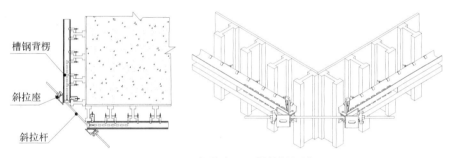

图4.3-3 高墩液压爬模模板设计

2. 爬模系统安装

在墩身第二节段混凝土施工完成后，拆除脚手架平台，采用汽车起重机（塔式起重机）完成下架体安装，并进行预压。预压采用在承重架体堆放钢筋原材的方式完成，预压完成卸载后安装上平台架体。

（1）爬锥安装

爬锥（图4.3-4）是承受整个爬模系统重量的受力构件，在混凝土施工之前要进行爬锥的预埋；爬锥由埋件板、高强螺杆、锥体组成。在进行安装时埋件板与高强螺杆的头部应进行焊接，目的是防止在混凝土浇筑过程中埋件板与高强螺杆振动而松脱，造成受力存在隐患。在高强螺杆与爬锥连接处应涂抹黄油，以防止混凝土在施工过程中进入螺杆配合间隙内，造成拆卸爬锥困难。预埋前爬锥面至高强螺杆间应用单面胶纸包好，方便以后爬锥拆卸。

图 4.3-4　爬锥示意图

在模板安装过程中，可以将爬锥的三个组件整体安装于模板上，受力螺栓可从外侧拧紧，注意钢筋应避开爬锥。模板合好后，注意临时固定爬锥。另外，也可采取将爬锥的三个组件整体从内模安装，从内侧对准位置，将受力螺栓从模板外侧旋入爬锥内，安装螺栓与受力螺栓长度不同，但螺纹直径与螺距均相同。在安装时勿将受力螺栓当作安装螺栓使用。

（2）附墙挂座与挂座体

安装附墙挂座与挂座体前，检查预埋爬锥里面的高强螺栓是否满足安装要求，高强螺杆爬锥内的旋放深度是否达到定位销位置。安装前用安装螺栓在爬锥里旋入一次，以防止爬锥里面夹杂砂粒，造成安装困难。如没有问题即可将附墙挂座在墙面上进行安装。挂座安装完成后即可从侧面插入挂座体。挂座体是从附墙挂座的侧面插入的。插入挂座体后同时应插入承重销，并拧紧附墙挂座下侧的定位螺栓（图 4.3-5）。

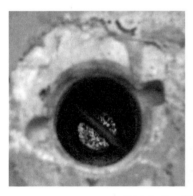 

图 4.3-5　爬锥螺栓孔及挂座体安装

（3）平台架体吊装

1）架体安装的准备工作

将架体单元部分在地面上组为单元架体，单元架体一般是由上平台架体和下平台架体两部组成。

进行下平台架体安装时同时要把油缸安装在主迎头下口处，在进行油缸安装要认真看清油路图，按油路图中的布置分配好油缸所对应的架体的数量。上下换向盒在安装之前应认真检查上下换向盒换向是否灵活，油缸的液压锁应向架体的外侧，安装完成后应用铁丝将油缸的下换向盒与立杆间绑扎牢固。

进行上平台架体安装时要注意将内背楞方向,内背楞两侧都有孔,内侧用于模板安装,外侧用于调节丝杠,内外侧不得装反。

2) 下平台架体

先将下平台架体吊起,然后将附墙支撑安装于下平台架体的下侧。用塔式起重机吊至附墙挂座上,使开口对准承重销,缓慢下放架体,架体就位于承重销上,使三脚架的开口在附墙挂座上两边对称。

依次完成所有下平台架体单元的吊装,在已吊装就位的架体上临时铺设脚手板,并用铁丝加以固定,将架体间的间距控制好,安装好架体立杆上的单扣件,连好钢管,由下层平台开始将各层平台内的槽钢穿在主平台横梁上,并作开孔用螺栓固定。继续安装下平台架体的钢管剪刀撑,目的要使整个架体连为一个整体,同时在架体内侧应安装钢管剪刀撑,如图 4.3-6 所示。

图 4.3-6　架体内侧面及架体外侧面

3) 上平台架体

在下平台及主平台安装完成以后,开始吊装上平台架体。连接好架体钢管及扣件,使上平台形成整体。安装好各层平台的底梁,铺好各层平台木板,内侧设置安全网一道,外侧设密目防尘网。

退模前做好模板与上平台架体的连接,凡是平台的转角部位,未爬升时均用木板封闭,以防落物伤人或其他安全事故。

4) 导轨安装

导轨是整个爬模系统的爬升轨道,由槽钢及梯档(梯档数量依浇筑高度而定)组焊而成,供上下轭的棘爪将载荷传到导轨,进而传递到埋件系统上。吊装导轨,导轨依次穿过第二层附墙挂座、第一层附墙挂座和三脚架立杆、上换向盒、下换向盒、附墙撑。下放导轨至承重舌卡在第二层附墙挂座上。旋转导轨尾撑,使其垂直支撑在混凝土面上。

3. 液压爬模爬升施工流程

爬升流程：混凝土浇筑→拆模后移→安装附装置→提升导轨→爬升架体→绑扎钢筋→模板清理刷隔离剂→埋件固定模板上→合模→浇筑混凝土。

第一步：导轨爬升（图4.3-7）

模板拆除并利用后移装置后移；将附墙座和附墙挂座用受力螺栓固定在预埋好的埋件上，并固定好限位螺栓（图4.3-8）。上下换向盒内的换向装置应同时调整为向上，棘爪上端抵住导轨梯挡。打开电源及液压阀门，启动液压系统；控制液压系统一步一步爬升导轨。导轨爬升到离附墙挂座一定高度处，暂停液压系统，使导轨与附墙挂座对准后再启动继续爬升；导轨承重舌爬过附墙挂座承重块后暂停液压系统。调整上换向盒内的换向装置应同时调整为向下，棘爪下端抵住导轨梯挡。启动液压系统，使导轨回落至导轨承重舌完全卡在附墙挂座承重块上；关闭液压系统、阀门和电源。旋转导轨尾撑，使其垂直支撑在混凝土面上；拆除下部附墙挂座及爬锥以备周转使用，及时修补拆除混凝土内的爬锥孔。

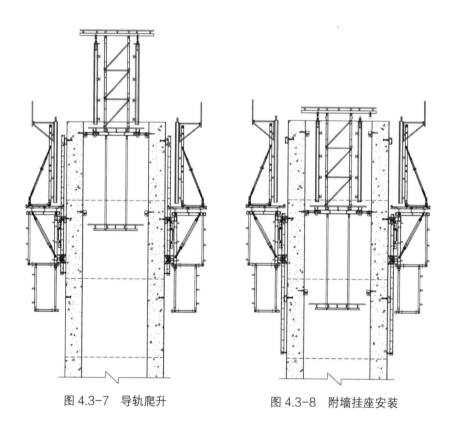

图4.3-7　导轨爬升　　　　图4.3-8　附墙挂座安装

第二步：架体爬升（图4.3-9）

把拆下来的承重插销安装到顶端附墙挂座上并固定；调整上换向盒内的换向装旋转附墙撑，离开混凝土面，使承重三脚架下支撑点支撑在导轨上；向下扳动上下换向盒的换向把手，使棘爪下端抵住导轨梯挡。拔掉附墙挂座上的安全销；打开电源及液压阀门，启动液压系统，开始爬升架体。架体爬升两个梯挡时暂停液压系统，拔掉附墙挂座上的承重销；启动液压系统继续爬升至架体立杆钩头过顶端附墙挂座的承重插销孔。暂停置应同时调整为向上，棘爪上端抵住导轨梯挡；启动液压系统，使架体回落至立杆钩头卡在承重销上；关闭液压系统、阀门和电源；安装附墙挂座上的安全销；旋转附墙撑支撑到混凝土面上。

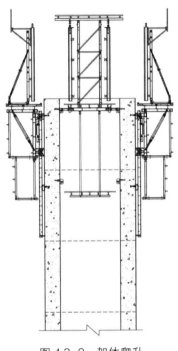

图 4.3-9 架体爬升

第三步：合模（图 4.3-10）

合模前将模板清理干净，刷好隔离剂，根据设计图纸安装好埋件系统；合理解决模板拉杆孔的位置与钢筋或钢结构冲突的位置。拔出齿轮插销，扳动后移装置将模板前移，底口贴紧混凝土的表面；插好后移齿轮插销及后移拉杆。现场测量人员用线坠和仪器校正并调节模板位置；穿好套管、拉杆，拧紧每根对拉螺杆；现场测量人员复查模板位置，浇筑混凝土（图 4.3-11）。

4. 液压爬模爬升控制措施

爬升过程要严格按照规定的操作步骤进行。爬升前，需拆除四面架体间的连接件，清除平台上的所有零散物件，仅留有进行爬升作业的人员。爬升时，要特别注意监测爬升导轨、爬升速度和动力系统等重点项目。爬升到新的悬挂点后，必须组织验收合格后方可投入使用。

(1) 导轨爬升准备

导轨爬升前，检查爬升悬挂件安装到位、高强螺栓紧固到位、上部爬升锚板和爬靴实际位置与理论位置一致。此外，要检测混凝土强度是否达到设计强度，并确保液压系统各部件和控制系统技术状态处于良好状态。

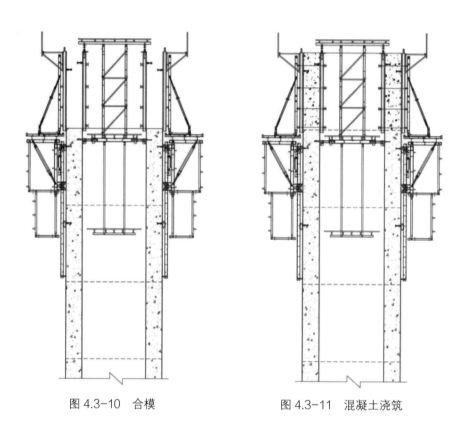

图 4.3-10　合模　　　　　　　图 4.3-11　混凝土浇筑

(2) 爬架爬升准备

爬架爬升前，首先需清除爬架上不必要的荷载。然后，抬起爬升导轨底部支撑脚，并旋转伸长使其垂直顶紧塔身混凝土面；完全松开支架下方的支撑脚，改变液压油缸上下顶升弹簧装置状态，使其一致向下。

爬升时需重点检查：①爬架长边与短边的连接（如电线）等是否已解除；②塔式起重机至爬架主电缆的悬挂长度是否足够；③液压系统各部件和控制系统技术状况处于良好状态。

(3) 爬升结束验收

爬升结束后，需组织验收，重点包括：①承重销及安全插销是否插到位；②所有平台滚轮和撑脚是否顶紧混凝土面；③爬架固定后，安装锚固螺栓是否拧紧，以及转角部位连接是否牢靠；④爬架各层操作平台的安全防护设施是否到位。

4.4 高墩滑模施工关键技术

4.4.1 技术概况

高墩滑模施工（图 4.4-1）技术是现浇混凝土施工中机械化程度高、施工速度快、现场场地占用少、结构整体性强、抗震性能好、安全作业有保障、环境与经济综合效益显著的一种施工技术，通常简称为"滑模"。

滑模不仅包含普通或专用等工具式模板，还包括动力滑升设备和配套施工工艺等综合技术，目前主要以液压千斤顶为滑升动力。在成组千斤顶的同步作用下，带动工具式模板或滑框沿着刚成型的混凝土表面或模板表面滑动。混凝土由模板的上口分层向套槽内浇灌，每层厚度一般不超过 30cm；当模板内最下层的混凝土达到一定强度后，模板套槽依托提升机具的作用，沿着已浇灌的混凝土表面滑动或是滑框沿着模板外表面滑动，向上再滑动约 30cm 左右。这样如此连续循环作业，直到达到设计高度，完成整个施工。

图 4.4-1 高墩滑模施工现场图

4.4.2 适用范围

高墩滑模施工技术适用于矩形、圆形、圆端形等空心、实心高桥墩施工，具有工业化程度较高、施工速度快、结构整体性能好、操作条件方便等优点。

4.4.3 施工工艺

高墩滑模施工工艺流程图如图 4.4-2 所示。

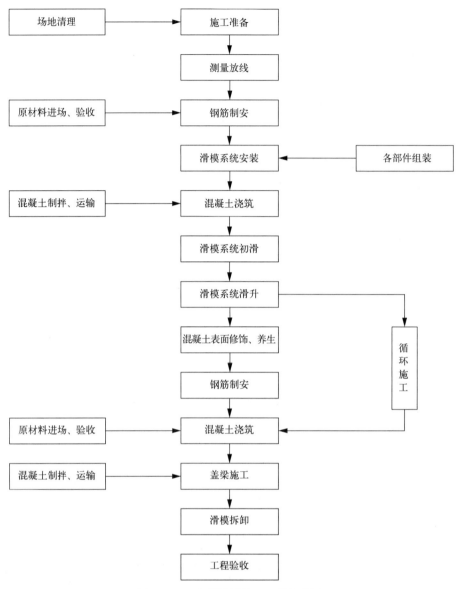

图 4.4-2 高墩滑模施工工艺流程图

4.4.4 技术要点

1. 支撑系统

滑模支撑系统由围圈、F形提升架和支撑杆组成，如图4.4-3所示。

（1）围圈

1) 围圈（图4.4-4）的主要作用是使模板保持组装的平面形状，并将模板与提升架连接成一整体。围圈承受由模板传递来的混凝土侧压力、冲击力和风荷载等水平荷载，同时还承受滑升时的摩擦阻力、作用于操作平台上的静荷载和施工荷载等竖向荷载，并将其传递到提升架、千斤顶和支撑杆上。

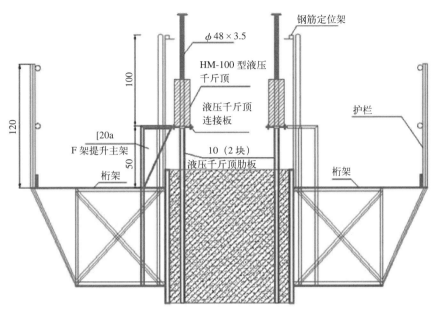

图 4.4-3 滑模支撑系统

图 4.4-4 滑模围圈

2）围圈在转角处应设计成刚性节点。围圈接头采用等刚度的型钢连接，围圈与接头连接采用焊接，接头之间采用螺栓连接。在使用荷载作用下，相邻提升架之间围圈的垂直于水平方向的变形不应大于跨度的 1/500。围圈放置在提升架立柱的支撑托上，采用焊接连接牢固。

3)围圈主要用来支撑和加固模板,使其形成一个整体。桁架采用矩形桁架梁,桁架与模板的连接采用角钢焊接。

(2)F形提升架

1)提升架(图4.4-5)是安装千斤顶并与围圈、模板连接成整体的主要构件。提升架的主要作用是滑升过程中提升围圈和模板,同时承受作用于整个模板上的竖向荷载,并将上述荷载传递给千斤顶和支撑杆。提升机具工作时,通过它带动围圈、模板及操作平台等一起向上滑动。

图 4.4-5 滑模提升架

2)空心薄壁墩施工采用F形提升架,按双千斤顶提升架进行设计。双千斤顶提升架沿横梁布置,其提升架的立柱采用型钢制成一定截面尺寸的桁架梁。

3)提升架通过安装在其横梁上的千斤顶支撑在爬杆上,整个滑升荷载通过提升架传递给爬杆、爬杆采用钢管。根据施工经验和常规设计,F形提升架主梁采用槽钢,千斤顶底座为一定厚度的钢板。

4)提升架必须具有足够的刚度,应按实际的水平荷载和竖向荷载计算。

5)将每侧模板、桁架以及F形提升架进行拼装,均采用满焊。

(3)支撑杆

支撑杆又称爬杆,支撑作用于千斤顶的全部荷载。支撑杆的直径要与所选千斤顶的要求相适应,支撑杆采用钢管。为节约钢材,采用加套管的工具式支撑杆时,应在支撑杆外侧加设内径比支撑杆直径稍大的套管,套管的上端与提升架横梁的底部固定,套管的下端与模板底平，套管外径最好做成上大下小的锥度，以减小滑升时的摩阻力。工具式支撑杆的底部一般用钢靴或套管支承。

支撑杆的接长方法有两种：在支撑杆下面接长在支撑杆顶端滑过千斤顶上卡头后，从千斤顶上部将接长支撑杆插入千斤顶，使新插入的支撑杆顶实原有支撑杆顶面；待支撑杆接头从千斤顶下面滑出后，立即将接头四周点焊固定。在千斤顶上面接长的方法有榫接、焊接和丝扣连接。

2. 操作平台系统

操作平台分为主操作平台和辅助工作平台。主操作平台作为施工的操作平台，承受施工人员物料等荷载，主操作平台框架采用桁架梁结构，上部满铺脚手板。由于混凝土施工过程中侧向受力较大，为确保主操作平台的刚度，选用复式桁架梁作为工作平台。

辅助工作平台为混凝土养护修面的工作平台，采用钢木结构悬吊布置，沿混凝土面布置平台；其上满铺厚脚手板，用圆钢悬挂在提升桁架梁上，并搭设钢管护栏，悬挂密目安全网和防抛网。

3. 液压系统

液压提升系统主要由液压控制台、液压千斤顶、油管及其他附件组成。液压提升系统的工作原理：由电动机带动高压油泵，将油液通过换向阀、分油器、截止阀及管路输送给各千斤顶，在不断供油回油的过程中使千斤顶的活塞不断地被压缩、复位，通过千斤顶在支撑杆上爬升而使模板装置向上滑升。

（1）液压千斤顶

液压千斤顶又称穿心式液压千斤顶，其中心穿支撑杆，在给千斤顶供油和回油的周期性作用下向上滑升。

（2）液压控制台

液压控制装置，又称液压控制台，是提升系统的心脏。液压控制装置的组成包括能量转换装置（电动机、高压泵等）、能量控制和调节装置（换向阀、溢流阀、分油器等）、辅助装置（油箱、油管等）三部分。

4. 滑模模板安装

（1）滑模安装

桥墩的承台混凝土施工结束后，即可进行桥墩滑模的安装，准确对中、找平。模板系统及操作平台于场外制作完毕后，采用塔式起重机或起重机整体安装，操作平台边缘设置防护栏杆，其高度不小于1.2m。模板系统及操作平台安装时，注意模板的平面位置、操作平台水平及竖直度。

液压系统安装完毕，应进行试运转。首先进行充油排气，然后加压，各密封处无渗漏，进行全面检查；待各部分工作正常后，再插入支撑杆。混凝土累计浇筑3m后，安装辅助平台。平台四周设安全防护网,并安装爬梯至上操作平台。

(2)滑模调试

滑模组装检查合格后,安装千斤顶、液压系统,插入支撑杆并进行加固;然后进行试滑升 3~5 个行程,对提升系统液压控制系统操作平台及模板变形情况进行全面检查,发现问题及时解决,确保施工顺利进行。

根据滑模施工的要求,从滑模的制作安装到组装调试必须对每道工序进行检查控制。首先,滑模装置系统的设计必须符合规范要求;其次是滑模的组装应满足模体偏差的要求。

5. 模板滑升

模板滑升过程是滑模施工的主导工序,其他各工序作业均应安排在限定时间内完成,不宜以停滑或减缓滑升速度来迁就其他工序作业。模板的滑升分为初滑、正常滑升和完成滑升三个阶段。

(1)模板初滑阶段

滑模的初次滑升要缓慢进行,并在此过程中,对液压装置,模板结构以及有关设施,在负载情况下做全面检查,发现问题及时处理。滑升过程中有专人检查千斤顶的情况,观察支撑杆上的压痕和受力状态是否正常,检查滑模中心线及操作平台的水平度,待一切正常后方可进行正常滑升。

(2)正常滑升阶段

施工转入正常滑升时,应尽量保持连续作业,由专人观察脱模混凝土表面质量,以确定合适的滑升时间和滑升速度。正常滑升阶段,每次浇筑混凝土高度一般为 60cm,一般混凝土浇筑和模板滑升速度控制在 30cm/h 左右,每次提升高度不大于 60cm,并严格控制滑升速度。在滑升过程中,根据气温变化控制提升时间。内膜围圈与外膜围圈靠型钢连接为整体,保证墩身厚度不变,内膜分节制作每一节可拆卸,依靠螺栓与围圈固定,一端固定在一侧围圈上,另一端可滑动;内侧以槽钢作为滑槽,当内模在滑升过程可拆卸内膜块对齐后拆除一节可拆卸内模每提升一次测量一次宽度。

为使已脱模混凝土面具有适宜的硬化条件,防止发生裂缝,混凝土滑模爬升后的外露混凝土表面及时进行原浆收面,采用塑料薄膜覆盖养护。在辅助盘上对脱模混凝土表面按照冬期施工、夏季施工养护要求及时进行养护。

(3)完成滑升阶段

模板的完成滑升阶段,又称末升阶段。当模板滑升至距离墩顶标高 1m 左右时,滑模即进入完成滑升阶段。此时应放慢滑升速度,并进行准确的操平和找正工作,使最后一层混凝土能够均匀地交圈,保证顶部标高及位置的正确。

6. 重要节点控制措施

(1) 混凝土浇筑控制

严格控制混凝土配合比、水灰比,调整混凝土坍落度。随施工进行垂直度、水平及平面线形观测,控制混凝土的浇筑厚度,滑升时注意控制初滑、正常滑升与末滑时间,防止表面裂纹。滑升前对钢筋安装进行验收,滑升过程对钢筋的连接、绑扎严格控制,并对预埋件的安装进行验收。脱模后应及时清理使其外露,便于后续工程施工。

(2) 滑升控制

滑升阶段分为初滑、正常滑升、末滑。正常滑升需根据现场施工情况确定合理的滑升速度。滑模滑升过程的基本要求:首先,初滑阶段,必须对滑模装置和混凝土凝固状态进行检查。正常滑升过程的时间间隔不应超过2h,控制一次滑升高度10~20cm。在滑升过程中,根据气温变化控制提升时间,千斤顶一个行程为30mm,中间提升的高度控制为1~2个行程。

在滑升过程中,操作平台应保持水平。各千斤顶的相互差不得大于40mm,相邻两个提升架上千斤顶的升差不得大于20mm。

(3) 滑模体控制

滑模中心线控制:为保证结构物中心不发生偏移,在关键部位悬挂垂线进行中心测量控制,同时也保证其他部位的测量要求。

滑模水平方向控制:一是利用千斤顶的同步器进行水平控制,二是利用水准管测量,进行水平检查。测量人员每天放样1~2次,对滑模体进行垂直度和变形观测,以确保垂直度和变形符合设计要求。

4.5 装配式墩柱施工关键技术

4.5.1 技术概况

装配式墩柱施工是指墩柱在预制工厂按设计图纸预制完成,运至现场安装成整体的施工技术。在承台顶预埋钢筋、墩柱底预埋套筒,安装调整好位置后通过节点连接。

4.5.2 适用范围

装配式墩柱施工关键技术一般适用于市区高架、建设周期短、具有一定规模的工程项目,现多采用套筒灌浆的连接方式。

4.5.3 施工工艺

装配式墩柱安装工艺流程图如图4.5-1所示。

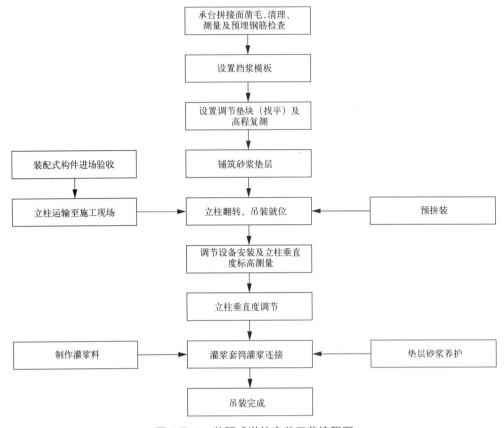

图 4.5-1 装配式墩柱安装工艺流程图

4.5.4 技术要点

1. 承台拼接面凿毛、清理、测量及预埋筋检查

使用专业凿毛机对承台与墩柱连接面进行凿毛处理（图 4.5-2），对承台预埋钢筋进行除锈、清洗，并用高压气泵冲洗混凝土表面的粉尘杂物等。若连接面积水，应使用海绵吸干或其他方法清理积水。

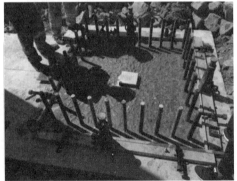

图 4.5-2 拼接面处理

测量每根预埋筋的长度，以保证钢筋露出承台混凝土表面的长度偏差在（-5mm，0mm）以内；若偏差过大，采用手动砂轮切割打磨。

2. 设置挡浆模板

拼接面处理完成后在承台预埋筋周围设置挡浆模板。

3. 设置调节垫块及高程复测

拼接面清洁后利用全站仪在连接面四周画出拼接面十字中心线（图 4.5-3），根据承台面顶标高安装圆形调节垫片调平连接面高程。

图 4.5-3　拼接面定位十字线示意图

4. 铺筑砂浆垫层

由垫层尺寸计算砂浆垫层理论用量，根据厂家提供的配合比称量相应重量的砂浆垫层干粉和清水，搅拌完成后静置备用。砂浆垫层静置完成后，将其均匀摊铺于坐浆拼接面，准备与墩柱进行连接（图 4.5-4）。

图 4.5-4　砂浆垫层铺筑

5. 墩柱翻转、吊装就位

运输车辆沿施工便道将预制墩柱运输至起重机起吊范围内。起重设备先将墩柱卸车，平稳搁置在枕木上或翻身支座上；在墩柱底端面下方放置橡胶垫或土工布，确保墩柱翻身起吊时底端面不受破坏。在墩柱底部四周安装与千斤顶配套的调节设备。

翻身起吊前，人工对墩柱表面进行清洁。在安装好吊装机具后缓慢对墩柱进行翻身起吊，平稳吊至拼装位置缓慢下落至预留钢筋顶部，然后人工辅助对准预留钢筋，下落至连接面（图 4.5-5）。

6. 墩柱平面位置、垂直度调节

墩柱下落至拼接面后起重设备保留一定吊力，由测量人员采用全站仪辅助墩柱平面位置及垂直度的调节，采用千斤顶调节墩柱平面位置，采用钢垫片调节墩柱垂直度（图 4.5-6）。

图 4.5-5 墩柱翻转

图 4.5-6 平面位置及垂直度调节

7. 套筒灌浆连接

（1）施工准备

墩柱预留套筒设有下进浆口和上出浆口，为保证套筒内浆液饱满度，进而保障灌浆质量，需要在下进浆口和上出浆口加装导管。下进浆口安装带阀门的直筒形或全直筒进浆导管，上出浆口安装 90°或 135°折线型出浆管；检查是否安装稳固，防止灌浆过程中发生导管脱落。

进出浆导管安装完成后（图 4.5-7），使用高压气泵对套筒内进行冲洗，确保套筒畅通才可进行灌浆作业，然后安装灌浆料回收装置。

图 4.5-7　进出浆导管示意图

（2）套筒灌浆料制备

为保证安装质量，灌浆套筒和灌浆料须在同一厂家采购，且须具备产品合格证明，并要求提供国内类似项目的使用证明。此外须进行试验验证，试验要具备资质的机构，以保证产品质量符合设计和相关规范的要求。

根据厂家提供的配合比进行浆料拌制。为了确保灌浆质量，灌浆料分批次进行均匀搅拌，并使用多台定速搅拌机同时进行浆料搅拌，保证灌浆过程中的灌浆料供应。灌浆料完成搅拌后，静置排出浆内气泡。

（3）套筒灌浆

将已静置的灌浆料倒入灌浆机，灌浆机导管放至称量桶内，开启灌浆机，通过出浆时间及出浆量计算灌浆速率，将单个套筒灌浆速率和稳压速率控制在合理范围内。

灌浆速率调节完毕后，进行墩柱套筒灌浆作业（图 4.5-8）。将灌浆机导管与下进

图 4.5-8　套筒灌浆示意图

浆口导管紧密对接，开启灌浆机导管阀门，开始灌浆。等待灌浆料从上出浆口溢出后，减缓灌浆速率至稳压速率；待出浆口溢出水泥浆后，关闭灌浆机导管阀门，拔出灌浆机导管，封堵进浆口，完成灌浆。砂浆垫层与套筒灌浆料在拌浆时应制取试件，对应每个拼接部位不少于3组。

4.6 高墩季节性养护关键技术

4.6.1 冬期养护技术

4.6.1.1 组合保温体系养护技术

1. 技术概况

高墩冬期组合保温体系养护技术是通过桥梁模板 +XPS 高分子保温板 +PUR 喷涂硬泡体聚氨酯隔热层形成保温体系，用于冬期高墩混凝土的保温养护（图 4.6-1）。

图 4.6-1 高墩冬期组合保温体系养护

2. 适用范围

高墩冬期组合保温体系养护技术适用于公路、铁路等高墩柱、大跨径桥梁及其他结构物混凝土冬期施工模板保温养护，应用范围广泛。

3. 施工工艺

高墩冬期组合保温体系养护技术施工流程图如图 4.6-2 所示。

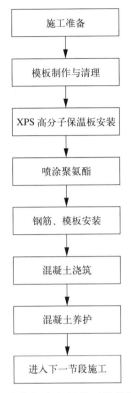

图 4.6-2　高墩冬期组合保温体系养护技术施工流程图

4. 技术要点

（1）XPS 高分子保温板安装

模板清理完成后，安装 XPS 高分子保温板（图 4.6-3），根据现场情况裁割 XPS 板；XPS 板大小以现场模板的檩条宽度为宜，如宽度不够可以搭接。XPS 高分子保温板密布铺设在模板背楞之间。保温板铺设完毕后喷涂 PUR 喷涂硬泡体聚氨酯隔热层进行包裹，无需额外采取措施进行粘贴。

图 4.6-3　XPS 高分子保温板安装

（2）聚氨酯硬泡体喷涂施工

1）聚氨酯硬泡体配合比控制

聚氨酯硬泡体白料（多元醇）：聚氨酯硬泡体黑料（二异氰酸酯）按照1:1的体积比采用高压无气喷涂机在大于10MPa压力条件下混合喷出。

2）喷涂顺序

在喷涂聚氨酯材料时应按照自上而下或者自下而上的顺序进行施工，有效控制喷涂质量。

3）防护工作

根据现场情况对不需进行聚氨酯硬泡体喷涂的，应采用彩条布和胶带进行缠绕保护，防止污染。根据天气情况进行防护，由于现场地区刮风较多，所以在模板四周采用彩条布进行遮挡以防止污染。

4）调试机器

由专业人员对机器进行检查，调整压力直到达到指定的标准。

5）喷涂施工

①根据要求基面喷涂聚氨酯硬泡体（图4.6-4、图4.6-5）。喷涂时，步调一致，走枪均匀，保证厚度和质量，平面必须平整，检验值应在±3mm之间；如发生积聚故障应排除后方可施工。

图4.6-4　聚氨酯硬泡喷涂施工图

图4.6-5　喷涂后效果图

②分层喷涂

聚氨酯保温材料喷涂在施工中分层喷涂，一次喷涂厚度不超过10mm，这样可保证聚氨酯在发生化学反应时能得到充分的空间。若一次喷涂过厚，可能导致泡沫穿孔，导致其闭孔率低，直接影响聚氨酯泡沫的质量。

③喷涂的聚氨酯材料应均匀分散，在喷涂前要选用合适的喷枪及枪嘴，以平喷或者圆喷枪嘴为好。若在喷涂过程中不能做到均匀分散，喷涂后泡沫就会凹凸不平，既影响外观和质量，又浪费材料。

④聚氨酯泡沫材料在从原料桶内通过一级泵直到喷枪喷出前，要求控制在最佳反应的温度范围内。

⑤施工过程中要和化学品接触，在喷涂时还必须保持一定的压力和温度，施工人员必须遵循"安全第一"的原则。

4.6.1.2 爬模蒸汽养护技术

1. 技术概况

爬模蒸汽养护技术（图4.6-6）是在爬模施工工艺的基础上进行改进，对模板进行优化，采用双层模板将整个墩柱进行全封闭，并在外模板内表面喷涂聚氨酯泡沫，提高模板的保温能力，减少蒸汽热量的散失；蒸汽发生器产生蒸汽通过管道进入双层模板夹层中进行混凝土养护。养护期间混凝土表面温度可以维持20℃以上，效果显著，使高寒冬期混凝土的强度得到有效保证。

图4.6-6　高墩爬模蒸汽养护现场图

2. 适用范围

爬模蒸汽养护技术适用于同类型、类似条件下的严寒冬季高墩爬模混凝土养护。

3. 施工工艺

高墩冬期爬模蒸汽养护技术施工流程图如图4.6-7所示。

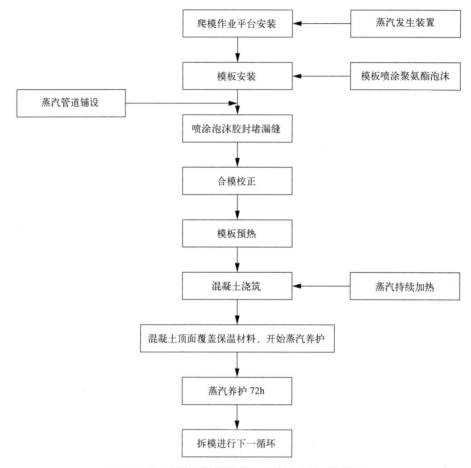

图 4.6-7　高墩冬期爬模蒸汽养护技术施工流程图

4. 技术要点

（1）蒸汽发生器和储水桶布置

蒸汽发生器、储水桶放置于液压爬模主操作平台，储水桶采用保温材料包裹。蒸汽发生器和储水桶采用拆装方便的螺栓固定于液压爬模主操作平台，并加装隔离防护装置。

（2）爬模双层模板安装（图 4.6-8）

墩身双层模板可间隔一定距离，内侧模板采用新型钢木组合背楞、木面板大模板系统，背楞选用组合主背楞，次背楞选用木工字梁，面板采用芬兰进口 WISA 板。外侧模板工字木外沿可采用木板对整个爬模进行全封闭，并在木板内侧喷射聚氨酯泡沫（图 4.6-9），并采用泡沫胶对缝隙处进行封堵。顶部采用泡沫保温棉进行全封闭。

蒸汽钢管管道沿墩柱四周模板布置（图 4.6-10），铺设在模板与外侧木板夹层的底部，直接在工字木底端打孔穿设蒸汽管道，转角处采用橡胶软管连接，并包裹保温棉。模板内蒸汽钢管管道每间隔一定距离设置一个蒸汽喷射孔，喷出的高温水蒸气直接接触模板。热量得到充分有效利用，混凝土浇筑前可使模板温度得到迅速提升，混凝土浇筑后直接对混凝土进行养护（图4.6-11）。

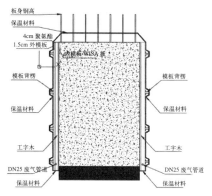

图4.6-8 高墩模板布置示意图

图4.6-9 模板喷涂聚氨酯泡沫施工图

图4.6-10 高墩模板布置实景图

图4.6-11 蒸汽管道布置实景图

（3）混凝土加工、运输及浇筑

若拌和站距离施工现场较远，在混凝土拌和时对混凝土骨料、拌和用水进行加热，使其温度均达到20℃以上再进行搅拌；同时对混凝土罐车加装罐衣进行包裹，减少混凝土运输过程中的温度损耗，保证混凝土入模温度在5℃以上。

混凝土浇筑前对模板进行预热，确保模板浇筑时温度不低于20℃。混凝土浇筑采用车载式输送泵，泵管沿墩柱墩身检修爬梯安装布设；混凝土入模采用泵送软管输送至距浇筑部位1m高处分层浇筑。采用插入式振捣器振捣混凝土，均匀全断面振捣，振捣棒插入部位与钢筋、模板保持一定距离，以免损伤永久结构影响施工质量。

混凝土浇筑完成后，立即用保温、保水材料覆盖顶部混凝土表面，开始用蒸汽发生器加热养护。蒸汽加热持续72h，期间维持混凝土外部温度在20℃以上（图4.6-12），然后停止蒸汽加热，保持用保温材料覆盖，使模板自然冷却。

图 4.6-12　蒸汽养护模板温度实测数据

4.6.1.3　保温棚养护技术

1. 技术概况

高墩冬期保温棚养护技术是在墩身周围设置保温棚，棚内采用高温蒸汽进行加热养护的施工技术。

2. 适用范围

高墩冬期保温棚养护技术适用于公路、铁路等高墩柱、大跨径桥梁及其他结构物混凝土冬期施工保温养护。

3. 施工工艺

高墩冬期保温棚养护技术施工流程图如图 4.6-13 所示。

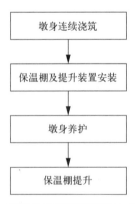

图 4.6-13　高墩冬期保温棚养护技术施工流程图

4. 技术要点

（1）保温棚构造

桥墩保温棚结构由立柱、棚顶、棚身保温层三部分组成。保温棚立柱采用钢管结构，支撑于承台之上；棚顶采用型钢桁架结构，套在钢管立柱上进行垂直提升，棚顶内安装电动葫芦，为保温棚内部吊装作业提供动力。施工人员操作、模板提升均在保温棚内进行。根据墩身浇筑高度的增加提升保温棚架；模板提升依靠棚顶内设置的电动葫芦，保温棚钢管的接高依靠塔式起重机安装。

钢管柱外侧安装棚身保温层，从承台顶面至棚顶全封闭包裹。棚顶底部由型钢焊接而成；每个小钢框内焊接角钢，可卡在焊接于钢管柱外侧的角钢上滑动，角钢起到导向作用。滑动到指定位置后，可以将小钢框与钢管柱利用螺栓栓接牢固。顶棚上部布置三角桁架，桁架底部焊接型钢，将底部钢框架与桁架组成一个整体。桁架上铺设槽钢作为檩条，檩条上方铺设阳光板作为保温采光作用。

（2）保温棚提升

每完成一定高度桥墩的施工，需要利用塔式起重机将钢管柱接高。利用卷扬机将顶棚提升后，通过螺栓将棚顶与钢管固定。最后利用顶棚内的电动葫芦进行墩身模板的安装和其他竖向重物的提升。重复以上步骤，直到桥墩施工完成。

4.6.2　高温养护技术

4.6.2.1　高墩液压自爬模自动喷淋养护技术

1. 技术概况

高墩液压自爬模自动喷淋养护技术是将喷淋管通过连接机构与高墩的施工平台底部连接，喷淋管随施工平台围绕墩身，喷淋管随施工平台沿墩身向上移动，在墩身施工过程中，通过设定时间继电器的开关间隔，以实现自动间隔控制水泵的开启和关闭，通过水泵将水源内的水，沿输水管、喷淋管和喷水口向墩身洒水，使墩柱实体在养护周期内能够长期保持湿润状态。

2. 适用范围

高墩液压自爬模自动喷淋养护技术适用于同类型、类似条件下的高温夏季高墩爬模混凝土养护。

3. 施工工艺

高墩液压自爬模自动喷淋养护技术施工流程图如图4.6-14所示。

4. 技术要点

（1）喷淋养护系统构造

高墩液压自爬模自动喷淋养护系统包括水源、时间继电器、水泵、输水管、喷淋管和喷水口构成。时间继电器可以与微电脑连接，通过微电脑智能时控开关控制喷淋系统的循环工作周期，可以显著提高墩柱养护的自动化程度，最大限度减少人为因素的干扰。

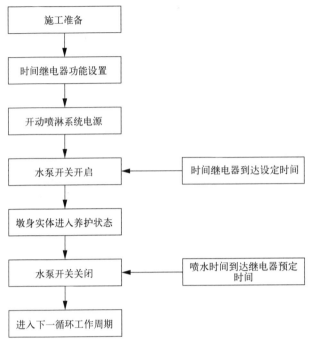

图 4.6-14 高墩液压自爬模自动喷淋养护技术施工流程图

(2) 喷淋养护系统与爬模系统连接机构

在喷淋管上设置连接机构，将喷淋管通过连接机构与高墩的爬模系统施工平台底部连接；连接机构由挂钩或吊环构成。

4.6.2.2 滴灌覆膜养护技术

1. 技术概况

高墩滴灌覆膜养护技术是指在施工拆模后，马上覆膜滴灌，保证混凝土的养护条件；在养护过程中要保证供水量，勤检查覆膜的完好性。

2. 适用范围

高墩滴灌覆膜养护技术适用于公路、铁路等高墩柱、大跨径桥梁及其他结构物混凝土高温保湿养护。

3. 施工工艺

高墩滴灌覆膜养护技术施工流程图如图 4.6-15 所示。

4. 技术要点

(1) 模板拆除

浇筑完墩柱混凝土后，满足拆模强度要求尽早拆模，防止墩柱本身湿度散发后干燥造成外观裂纹；注意施工中机械和模板不能碰撞柱体，防止影响外观。

(2) 人工覆膜

拆模后马上覆膜。柱顶工人用胶布固定薄膜一端于柱上，从薄膜轴心穿绳，绳两

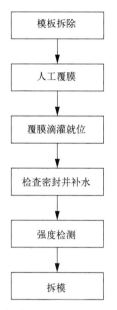

图 4.6-15 高墩滴灌覆膜养护技术施工流程图

端分别由柱上、柱下两名工人给控制,绕柱包裹;过程中需膜绷紧有弹力,且上下层相互重叠压边,保证整体密封,必要时可选择起重机配合工作。

（3）胶布粘结固定

覆膜完成后,底部用宽胶带固定,柱顶至底通身用胶带粘结固定,全柱固定3～4处。

（4）覆膜滴灌就位

柱顶用不生锈的盛水装置装水,底部绕圈均匀扎1mm粗水眼4～8处,保证盛水量满足水车供水间隔期间养护需求量。

（5）检查密封并补水

加水0.5h后检查覆膜过水及整体完整。每日检查覆膜过水及整体完整,检查盛水装置装水量,保证受水均匀,强度及外观色泽一致。

（6）强度检测

养护7d后,检查标养试件强度,合格后检查现场回弹强度,合格后拆膜。

（7）拆膜

拆膜时防止对混凝土外观磕碰,废膜要集中处理,防止对环境造成污染。

4.6.2.3 喷涂养护液养护技术

1. 技术概况

喷涂养护液养护又称喷膜养护,是在结构构件表面喷涂或刷涂养护剂,溶液中水分蒸发后,在混凝土表面上结成一层塑料薄膜,使混凝土表面与空气隔绝,阻止内部水分蒸发,从而使水泥水化作用完成。该养护方式具有节省人工和养护用水等优点。

2. 适用范围

喷涂养护液养护技术适用于表面面积大、不便浇水养护的结构（高墩、盖梁等）、地面、路面、机场跑道等。

3. 施工工艺

喷涂养护液养护技术施工流程图如图 4.6-16 所示。

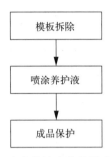

图 4.6-16　喷涂养护液养护技术施工流程图

4. 技术要点

（1）喷涂养护液

1）养护液喷涂或刷涂结构上表面，可于混凝土浇筑后 2～4h，混凝土表面不见浮浆，用手指轻按无指印时，进行喷洒或涂刷。

2）喷（刷）涂用喷枪或喷雾器由一端到另一端、由上而下连续喷洒在混凝土表面上，喷头距混凝土表面 30cm 左右，操作人员站在上风处，按顺序逐行喷洒，向前推进。一般喷两遍，每遍互相搭接，厚薄一致，无漏喷（刷）、透底等情况。

3）喷洒时，空气压缩机的工作压力控在 0.4～0.5MPa，溶液喷洒厚度为 $2.5m^2/kg$，厚薄要求均匀。

（2）成品保护

1）溶液喷洒涂刷后会很快形成薄膜，需加强保护，防止硬物在表面拖拉碰撞损坏。

2）混凝土未达到要求强度，不得在其上行驶车辆或临时堆放材料。

（3）施工注意事项

1）养护剂使用前要充分拌匀，如有杂质、结块，应过 2200 孔 $/cm^2$ 筛。使用时需经常摇动容器罐，不使沉淀，再使用时不得随意加水。

2）喷（刷）涂料应掌握合适时间，过早会影响薄膜与混凝土表面的结合；过晚则混凝土中的水分蒸发过多，影响水化作用。

3）养护剂在未形成封闭薄膜前，如遇到雨天，混凝土表面会出现麻点，待雨停后，需重新喷洒。施工过程中，如发现已喷（刷）涂薄膜损坏，需及时补喷养护液。

第 5 章 盖梁施工关键技术

盖梁是指为支承、分布和传递上部结构的荷载，在排架桩墩顶部设置的横梁，又称帽梁。本章总结了工程中广泛应用且具代表性的4种盖梁施工关键技术。其中，针对倒梯形盖梁，重点介绍了满堂架的搭设要点；针对门式盖梁，重点介绍了跨越式支架的搭设要点；针对大悬臂盖梁，重点介绍了抱箍托架法的技术要点；针对装配式盖梁，重点介绍了运输和拼装等技术要点。

5.1 倒梯形盖梁施工关键技术

5.1.1 技术概况

倒梯形盖梁两侧梁片架设后标高与盖梁顶标高一致，使盖梁部分断面分享箱梁所占据空间，既可以保证桥下通车，又可以有效控制造价。独柱倒梯形盖梁长度及挑臂较大，普通钢筋混凝土结构无法满足受力要求，需设置预应力结构体系。

5.1.2 适用范围

倒梯形盖梁施工技术适用于城市高架桥施工、桥下空间有限的施工环境。

5.1.3 施工工艺

倒梯形盖梁施工工艺流程图如图5.1-1所示。

5.1.4 技术要点

1. 支架设计与搭设

独柱倒梯形盖梁长度及挑臂较大，为满足其受力要求，需采用落地式钢管立柱支架或满膛式钢管支架。

（1）钢管立柱支架设计

1）钢管立柱支架需进行专项设计，所用材料规格尺寸、整体结构形式需满足强度、刚度、稳定性等要求。钢管立柱接长可采用焊接或者法兰连接，钢立柱之间需做横向联系以增加整体稳定性，横向联系构件可采用槽钢、工字钢或H型钢，横向联系与钢管立柱之间焊接牢固。

2）支架设计时需尽量利用桩基承台作为立柱基础，无法利用的需重新设计立柱基础并明确地基承载力要求。

3）钢管立柱顶部需设计砂筒、楔块等卸落措施，卸落措施与钢管桩焊接牢固。

4）卸落措施顶部设计纵向和横向分配梁，分配梁一般采用工字钢或H型钢，规格尺寸、分配梁间距满足施工要求。

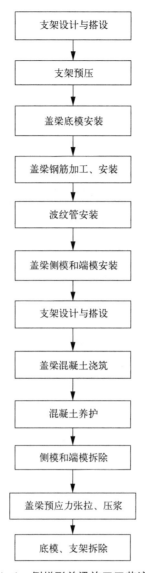

图 5.1-1 倒梯形盖梁施工工艺流程图

5）支架专项设计时需同时考虑模板设计。

（2）钢管立柱支架搭设

在搭设过程中（图 5.1-2）需严格控制以下要点：

1）搭设前需进行地基承载力检测，不满足设计要求的地基需进行加固处理，保证满足设计要求地基承载力。

2）钢管立柱平面位置偏差 ±5mm 以内，倾斜度小于 0.1%。

3）钢管立柱底部与基础预埋件之间、钢管立柱之间、钢管立柱与横向联系之间等焊接作业人员需持证上岗，保证焊接牢固，焊接部位全部检验合格后方可开始下一道工序施工。

4）卸落砂筒应与钢管立柱同轴，偏差控制在 ±5mm 以内。

5）纵向和横向分配梁焊接固定，间距按照专项设计严格控制。

6）过程安全措施按审批的专项施工方案实施。

图 5.1-2　钢管支架施工图

（3）满堂式钢管支架设计与搭设

满堂式钢管支架包括门式、扣件式、碗扣式、盘扣式等结构形式，其中盘扣式钢管架具有轻松快捷、灵活、安全、可靠、储运方便等优点，相比其他钢管架更适于作为盖梁模板支架。

2. 支架预压

（1）预压前准备

预压材料可采用混凝土预制块、砂袋（预压时需做好防雨措施），且按要求准备就绪（图 5.1-3）。预压前已对支架平面位置、顶面高程及预拱度进行全面复核，并对支架安装的牢固性、整体性及安全性进行全面检查、验收，检查支架搭设、安装、受力的整体性及均匀性，保证支架的整体强度和刚度。

（2）预压荷载、加载与卸载

支架预压荷载不小于支架承受的混凝土结构恒载与模板重量之和的 1.2 倍。支架预压区域应划分若干预压单元，每个预压单元内实际预压荷载强度的最大值不应超过该预压单元内荷载强度平均值的 120%。

预压应按预压单元进行分级加载。该支架预压采用 3 级加载；3 级加载依次为单元内预压荷载值的 60%、80%、100%，过程中做好预压施工过程记录。纵向加载时，从盖梁悬挑部分支架边跨跨中开始向支点处进行对称布载,盖梁左、右侧平衡布载;横向加载时,从混凝土结构中心线向两侧进行对称布载。

预压加载开始前,应对支架观测点原始标高数据进行采集。原始数据采集完成后方可加载预制块。每级加载完成后,应进行变形观测,进入下一级加载前应对支架进行沉降观测并记录数据,各级加载时间间隔为1h。

预压可一次卸载,预压荷载应对称、均衡、同步卸载。

(3)监测点布置

1)沿混凝土结构纵向每隔1/4跨径布置一个观测断面。

2)每个观测断面上布置2个观测点,且对称布置。

3)观测点在支架顶部和底部对应位置上分别布置。

图 5.1-3　支架预压现场图(预制混凝土块)

5.2　门式盖梁施工关键技术

5.2.1　技术概况

门式盖梁(图 5.2-1)与墩梁连接形式可分为:盖梁与立柱固结、盖梁与立柱铰接、盖梁与立柱一端固结一端铰接等;从盖梁结构形式上可分为普通钢筋混凝土结构、预应力混凝土结构、钢结构、钢混组合结构等;从立柱截面形状上可分为矩形和圆形,从立柱结构形式上可采用普通钢筋混凝土结构和钢结构。

图 5.2-1 门式盖梁施工现场图

5.2.2 适用范围

门式盖梁施工关键技术适用于新建道路跨既有道路的情况。同时由于施工环境影响，采用门式盖梁的设计既可降低新路网对于原有路网的干扰程度，提升运营安全性能。

5.2.3 施工工艺

门式盖梁跨越式支架施工工艺流程图如图 5.2-2 所示。

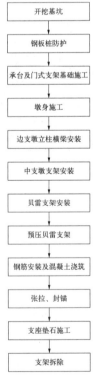

图 5.2-2 门式盖梁跨越式支架施工工艺流程图

5.2.4 技术要点

1. 模板支架

（1）当桥梁需跨越现有道路或河道时，可根据桥下净空、地基承载力、道路交通条件、通车通航要求、工期要求选用跨越式模板支架结构形式。

（2）跨越式模板支架结构体系包括型钢（大钢管）立柱—型钢组合跨越式模板支架、型钢（大钢管）立柱—贝雷梁组合跨越式模板支架等。

（3）跨越式模板支架结构体系（图5.2-3）自下而上由支架基础、支架立柱（含纵、横向连接系）、桩顶下盖梁（纵梁）、支架卸落设备、桩顶上盖梁、贝雷梁（型钢纵梁）、支架顶部结构（模板、分配梁）等组成。

（4）跨越式支架基础应符合下列要求：

1）型钢、大钢管立柱应采用扩大基础或桩基础；

2）基础周边应设置防排水措施。

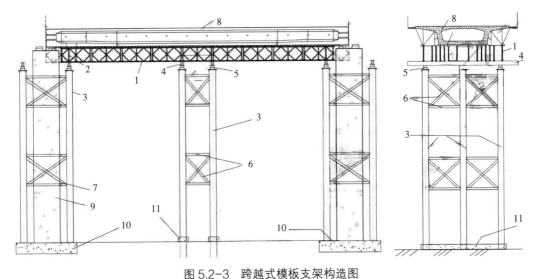

图 5.2-3 跨越式模板支架构造图

1—贝雷梁；2—加强立杆；3—钢管支柱；4—横向承重梁；5—支架卸落设备；6—立柱横向连接系；
7—墩身两侧立柱对拉系统；8—现浇桥梁；9—桥墩；10—桥墩基础承台；11—钢管桩基础

（5）支架落梁设备可采用块、砂箱等，落架设备尺寸应与支架立柱顶面相匹配。采用卸荷砂箱时应符合下列要求：

1）卸荷砂箱应按照设计图纸进行加工制作，焊缝等级Ⅱ级，焊缝高度除特殊说明外不小于8mm；

2）卸荷砂箱内所使用的砂子需要经过烘干，不得使用含水量过大的砂子，防止出现卸荷不顺的情况；

3）卸荷砂箱顶板上设置调节钢板，可以精确调整标高值；

4）卸荷砂箱顶板必须与主梁密贴，严禁有悬空现象出现；

5）卸荷砂箱安装就位后需在四边或两个角点两侧设置限位，防止滑移。

2. 底模铺装

当进行盖梁混凝土浇筑时，为防止底板钢筋上浮而影响底板保护层厚度，底模侧模设拉筋把外模和内模锁住。混凝土浇筑期间，专人检查支架、模板、钢筋和预埋件等稳固情况，当发现松动、变形、移位的，立即处理。

3. 支架预压

在底模板铺设完成后进行支架预压，根据现场实际情况可采用不同的原材料，如混凝土块分级堆载等方式。预压荷载取施工总荷载的1.2倍，预压加载按照施工荷载的60%、100%、120%分三次加载。为确保堆载预压（图5.2-4）过程中变形量可控，每级加载完毕30min后进行支架的变形观测，测点布置在支座位置、1/4跨径、1/2跨径、3/4跨径处。支架预压荷载全部加载完成后，每6h测量一次测点变形值。预压荷载卸除时，按加载预压时的分次分级逐步卸载，并在卸载过程中做好沉降量观测，分级卸载观测点选择与加载时沉降量观测点相同的位置。根据加、卸载实测数据，绘制各测量点位的加、卸载过程变形曲线，计算支架的弹性变形，以此作为预拱度设置的主要依据。

图5.2-4 支架堆载预压现场图

在预压结束、模板调整完成后，再次检查支架和模板的扣件是否牢固，松动的需重新上紧。

混凝土块或钢锭等预压材料采用塔式起重机吊放在贝雷支架上。

4. 混凝土施工

盖梁混凝土浇筑时，应根据现场实际情况调整拖泵、泵管数。浇筑方向沿顶板中线布置，从跨中向两侧推进。每套泵管配备软管，以便布料，保证混凝土自由下落高度小于250cm。泵管下垫型钢，型钢置于主筋上。

盖梁混凝土一次浇筑完成，浇筑顺序为：先底板后顶板，由跨中挠度大处向两端逐渐推进浇筑。混凝土浇筑时，应先浇底板，为防止混凝土大量外翻，应适当减缓腹板混凝土浇筑速度。待底板混凝土外翻现象稳定后，将插入式振捣棒插到一定深度，对倒角段与腹板段混凝土的接头进行复振。施工中应及时将外翻的混凝土进行清理。

混凝土浇筑前，对支架系统、模板、钢筋、波纹管及其他预埋件进行认真检查。混凝土浇筑过程中，严格控制施工荷载，防止局部施工荷载超标，造成支架不安全。对支架系统进行全过程监控，发现问题及时处理。在盖梁顶板上设置测量控制点，在混凝土浇筑前，浇筑过程中以及结束后，均应进行测量，掌握沉降量。在支架上设置一定数量的观测点，对支架变形进行观测，为后面施工提供依据。

5. 支架拆除

支架在盖梁张拉压浆完成后开始拆除。支架拆除顺序为：侧模拆除→防护栏杆拆除→砂箱卸落→拆除底模→拆除支架→拆除中支墩→拆除边支墩。

5.3 大悬臂盖梁施工关键技术

5.3.1 技术概况

大悬臂盖梁（图5.3-1）主要是通过在墩柱上预留、预埋圆钢及钢板等作为盖梁模板支撑体系受力节点，将盖梁施工全部荷载传递给墩柱，从而形成一个稳定可靠的悬臂工字钢支撑体系，不受河谷地形以及下部道路交通影响，最终完成大悬臂盖梁的施工方法。

图5.3-1 大悬臂盖梁现场图

5.3.2 适用范围

大悬臂盖梁施工技术适用于桥梁横跨深沟壑、大河谷、既有高等级公路以及城市道路中既有道路的高架桥建设；避免阻断现有道路的正常交通，降低在深沟壑、大河谷中施工盖梁的难度，采用大悬臂盖梁来达到跨越既有公路、深谷，以及保障城市高架桥下道路通行的目的。

5.3.3 施工工艺

抱箍托架法大悬臂盖梁施工工艺流程图如图 5.3-2 所示。

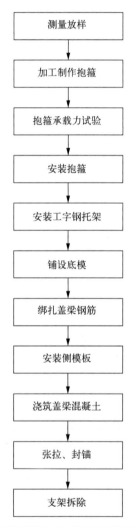

图 5.3-2 抱箍托架法大悬臂盖梁施工工艺流程图

5.3.4 技术要点

1. 抱箍及分配梁支架安装

根据标高控制点量测出上下抱箍的安装位置，安装时应注意横坡高差的设置。为保证抱箍安装在墩柱上与墩柱密贴，在设计与加工时，在抱箍内侧设置摩擦带，摩擦带材料采用传送皮带。

在抱箍使用前，先应做加载试验。试验方法如下：在现场浇筑混凝土试验墩柱，在柱上安装上下两组抱箍，在上下抱箍外侧墩柱上对称安装百分表，将指针读数归零。在两个抱箍牛腿之间安装千斤顶，先初顶，然后千斤顶同步对称匀速加油，当达到抱箍的设计荷载值时稳压一段时间，观察百分表，待抱箍无滑移后，再继续加压到百分表转动，记录此时张拉油表读数，计算出抱箍滑动时与墩柱的摩擦力。抱箍加压后通过在抱箍下方做标志，检查抱箍是否有下沉现象，下沉量须小于5mm。千斤顶应根据加载力的需要选择，最终根据试验情况确定抱箍满足使用要求。

试验布置图如图 5.3-3 所示。

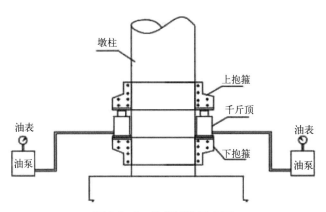

图 5.3-3　抱箍试验示意图

堆载重量为上部荷载，包括盖梁模板系统、钢筋、混凝土及各种施工荷载等总重。抱箍安装时必须与墩柱贴紧，抱箍采用布设环向加劲的柔性箍身。螺栓布置尽可能紧凑，以满足施工及传力要求。

为加强抱箍连接板刚度并可靠传递螺栓拉力，在竖直方向上，应等间距设置加劲肋板。在墩柱上标示好抱箍安装高度，将抱箍临时用长螺栓连接；在抱箍两侧用螺栓连接操作挂篮，用起重机将抱箍从柱顶套入。到达计算的标高时，将临时连接的长螺栓拧紧，并精确调整好抱箍安装标高，待无误后开始自内向外对称安装拧紧高强螺栓。

先手工拧紧所有螺栓，再采用扭矩扳手按计算扭矩值复拧3遍，使每个螺栓受力一致，最后将普通螺栓拧紧。

在盖梁抱箍施工之前，首先进行施工放样，测出两墩柱的中点和墩顶标高，同时计算出盖梁施工期间的支撑体系总高度和各分部支撑的高度。该准备工作利于施工时按各部情况调整支架的标高，使其满足施工要求。

根据施工支撑体系总高度（为工字钢高度、槽钢高度、钢底模高度这几项支撑体系的高度之和）算出盖梁底模顶面与抱箍顶面的施工高度。在墩柱上定位抱箍时，先根据盖梁底的设计标高减去支撑体系到抱箍顶面的施工高度，即为抱箍的顶面标高。采用挂尺的方法把地面标高引到墩柱上，并在墩柱上标示出抱箍的顶面高程线。在安装抱箍前，对抱箍进行除锈，除去抱箍内侧的铁锈，防止铁锈减弱抱箍与墩柱的摩擦，并避免在拆除抱箍后，铁锈影响墩柱的外观，增加不必要的除锈工作。

安装抱箍时，先把墩柱施工时搭设的施工脚手架拆除到架设抱箍的标高位置。可为架设工字钢施工腾出空间，同时为吊装工作提供方便。抱箍吊装时先在施工脚手架上搭设脚手板，为紧固抱箍螺栓提供操作平台。并在地面上先把两片抱箍用螺栓进行初步连接，再用螺栓把抱箍的孔位逐一连接好以后带上螺母，螺母的拧紧程度为将螺母拧到能看到外帽沿与螺杆相平即可，而后用方木条卡入抱箍之间的缝隙临时楔紧。然后用钢丝绳穿入抱箍的牛腿顶部用于固定工字钢的螺栓孔内，对称穿入后进行抱箍吊装；吊装方式从墩柱上方把抱箍套在墩柱外侧，并且用人工在墩顶进行辅助定位，加快施工进度。

在进行抱箍紧固时，对每个高强螺栓都平行施加预拉力，即把每侧的螺栓都均匀拧到相似的坚固程度，观察抱箍与墩柱的结合面，防止由于不均匀拧紧高强度螺栓引起墩柱受到偏压，造成施工隐患。同时也注意抱箍的各个板面及焊缝的情况，观察有无变形或开裂等情况。

检查好抱箍后，用起重机在抱箍的牛腿上架上工字钢，并在两根工字钢之间装上纵向拉结杆件，防止吊装及定位过程中发生纵向失稳引发意外。

抱箍安装好后，吊装主梁（主梁型号根据结构受力计算确定）。吊装时注意指挥，避免安全事故与碰伤墩柱成品；放在抱箍上时要做临时固定措施。布置分配梁过程中适当调整位置使底模模板接缝位置有工字钢支撑，防止底模在混凝土浇筑时受力变形，分配梁铺完后逐次检查固定。分配梁伸出盖梁部分铺木板作为行走平台。两侧根据规范搭设钢管护栏，挂上安全网，作为防护措施。

支架和平台搭设完毕后，必须进行加载预压，进行平台安全性和支撑体系变形的检测。检测合格后方可投入使用。

2. 钢管立柱安装

钢管立柱根据设计图纸要求或结构计算结果进行布设，在安装前根据每处墩高配齐所需钢管；在配置高度不足的部分采用钢板支垫调整标高，确保同跨钢管均在同一标高。

钢管立柱和基础的连接采用预埋钢板焊接形式,以保证钢管与基础的可靠连接;钢管与预埋钢板连接采用三角形缀板进行焊接,焊缝厚度不小于规范要求,保证钢管与预埋钢板连接整体稳固性。在钢立柱安装时钢管立柱必须保证垂直。

同一排钢管立柱安装完成后,横向采用槽钢剪刀撑进行连接。靠近墩柱的钢管与墩柱连接成整体,可在墩柱上打设膨胀螺栓并固定钢板,采用槽钢进行连接,确保钢管整体稳定性。

3. 盖梁侧模安装及加固

模板安装完成后进行盖梁顶预埋件的安装。对于固结墩进行固结钢板的预埋,钢板必须确保位置准确,与盖梁钢筋骨架焊接牢固,顶面水平;高程误差控制在 5mm 以内,水平位置误差控制在 10mm 以内。对于非固结墩要进行支座垫石钢筋的预埋。

4. 混凝土施工

盖梁混凝土浇筑时根据现场实际情况调整拖泵、泵管数。浇筑方向沿顶板中线布置,从跨中向两侧推进。每套泵管配备软管,以便布料,保证混凝土自由下落高度小于 250cm。泵管下垫型钢,型钢置于主筋上。

盖梁混凝土一次浇筑完成;浇筑顺序为:先底板后顶板,由跨中挠度大处向两端逐渐推进浇筑。混凝土浇筑时,应先浇底板;为防止混凝土大量外翻,应适当减缓腹板混凝土的浇筑速度。待底板混凝土外翻现象稳定后,可将插入式振捣棒适当插深,对倒角段与腹板段混凝土的接头进行复振。施工中应及时将外翻的混凝土进行清理。

5. 支架拆除

待盖梁混凝土强度达到设计要求时,进行底模及抱箍的拆除工作。拆除底模时用钢丝绳将纵梁工字钢、底模固定在盖梁上,松开抱箍连接板螺栓,采用起重机配钢丝绳的方式,使抱箍沿墩柱缓慢滑下;还可以采用捯链挂在盖梁上,手动将抱箍整体沿墩柱下滑,最后卸下工字钢及底模板。待卸完抱箍和底模后,清理修整抱箍、橡胶板及底模,然后进行下道盖梁的循环施工工序。拆模后,立即用土工布或塑料布覆盖继续洒水养护。

6. 架梁

架梁中若按常规预应力张拉顺序实施并卸落盖梁底模,支架盖梁前端位置一般会出现拉应力裂缝。为降低架梁对悬臂盖梁的影响,大悬臂式盖梁可采用三批次张拉的施工顺序。其施工工序为:首先进行支架现浇,待混凝土强度达到 100% 时张拉第一批钢绞线并压浆,当压浆强度达到 100% 后卸落支架;接着架设梁板,当两侧梁板架设完成后张拉第二批钢绞线并压浆,待压浆强度达到 100% 时进行湿接缝施工铺装,最后张拉第三批钢绞线并压浆,待压浆强度达到 100% 时进行施工护栏沥青铺装。

5.4 装配式盖梁施工关键技术

5.4.1 技术概况

装配式盖梁施工是指盖梁在预制工厂按设计图纸预制完成，运至现场安装成整体的施工技术。通常是下方连接两个方形墩柱，在墩柱顶预留钢筋、盖梁底预埋套筒，安装调整好位置后通过套筒灌浆连接，最后施加预应力。

5.4.2 适用范围

装配式盖梁施工技术适用于采用套筒灌浆等方式连接的装配式盖梁施工，包括整体式预制盖梁和节段式预制盖梁，单个构件最大吊重不超过190t。

5.4.3 施工工艺

以六节段预制盖梁安装为例，其余节段式预制盖梁安装类同，整体式预制盖梁安装工艺同六节段预制盖梁墩顶段。六节段预制盖梁安装工艺流程图如图5.4-1所示。

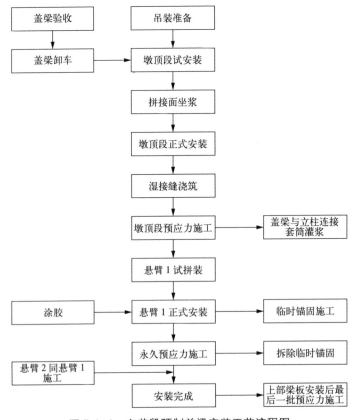

图5.4-1 六节段预制盖梁安装工艺流程图

5.4.4 技术要点

1. 预制盖梁运输

预制盖梁采用专业运输车辆进行运输。对于重量较大的盖梁，应当提前与当地交管部门联系，制定可行的运输路线。运输前预制厂与安装现场应提前沟通，运至现场后卸车至合适地方待安装（图 5.4-2）。

图 5.4-2 盖梁卸车现场图

2. 墩顶段正式安装

使用全站仪分前（后）、左（右）观测盖梁上的定位反光贴及控制点，确定其分段拼装接缝是否在一条线上；做到安装一件控制一件，且把轴线（盖梁横向轴线）放样出来。利用千斤顶及缆风绳调整平面位置和水平度，对盖梁平面位置进行复核调整；待位置调整后固定缆风绳，并将盖梁提离调节垫片顶端（微提，调节垫片不再受力即可），取出多余调节垫片，完成盖梁墩顶段坐浆拼接（图 5.4-3）。

图 5.4-3 预制盖梁墩顶段吊装现场图

通过软件模拟计算出单个墩顶盖梁的重心点位；对墩柱属于小偏心受压，对于左、右交界位置属于潜在的倾覆点（图5.4-4）。

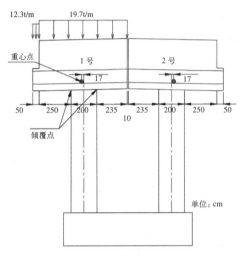

图5.4-4　墩顶节段抗倾覆验算示意图

3. 墩顶段套筒灌浆

将已静置的灌浆料倒入灌浆机，灌浆机导管放至称量桶内；开启灌浆机，通过出浆时间及出浆量计算灌浆速率，将单个套筒灌浆速率和稳压速率控制在合理范围内。

灌浆速率调节完毕后，进行墩柱套筒灌浆作业。将灌浆机导管与下进浆口导管紧密对接；开启灌浆机导管阀门，开始灌浆。等待灌浆料从上出浆口溢出后，减缓灌浆速率至稳压速率，稳压10s左右；待出浆口溢出水泥浆后，关闭灌浆机导管阀门，拔出灌浆机导管，封堵进浆口，完成灌浆。

4. 墩顶段湿接缝施工

预制盖梁墩顶段灌浆完成后进行湿接缝支模施工（图5.4-5、图5.4-6）；待模板安

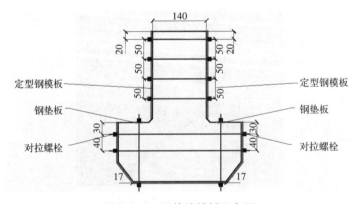

图5.4-5　湿接缝模板示意图

装好后，使用起重机配合料斗浇筑混凝土，浇筑完成后进行混凝土养护。

湿接缝混凝土需一次浇筑完成。湿接缝浇筑前，应对盖梁覆盖防护，避免浇筑时漏浆对盖梁造成污染。

图 5.4-6　墩顶段湿接缝施工现场图

5. 墩顶段预应力施工

湿接缝混凝土强度达到设计强度 90% 后，开始穿预应力钢束，进行第一次预应力张拉（图 5.4-7）施工，张拉完成后进行孔道压浆及封锚、封端作业。

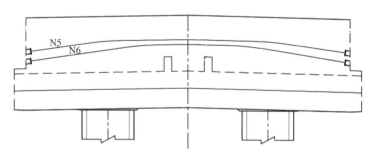

图 5.4-7　预制盖梁第一批预应力分布立面示意图

6. 悬臂 1 试拼装

试拼装的目的是保证两段盖梁拼接面标高、倾斜度保持一致，提前做好测量控制标记，减少涂胶后的节段位置的调节时间。

7. 悬臂 1 涂胶

（1）环氧树脂胶的技术要求

分节段预制安装的盖梁在悬臂段安装时采用干拼接缝，即环氧树脂胶连接；其性能指标符合相关标准，主要性能如下：

触变性（抗流挂性能）要求：厚度最厚为 3mm 时无流挂；

拉伸强度：≥ 12MPa；

压缩弹性模量：≥ 8000MPa；

湿热老化测试（GB 50367—2013）：A 级胶，90d 湿热老化强度下降 ≤ 10%，伸长量 ≥ 5%，不可挥发物含量 ≥ 99%。主要技术性能及检测方法见表 5.4-1：

环氧树脂胶粘剂技术性能指标及检测方法　　　　表 5.4-1

	项目	设计性能指标	检测或试验
物理性能	1. 可施胶时间	≥ 20min	按 FIP 做实验
	2. 可粘结时间	≥ 60min	按 FIP 做实验
	3. 触变指数	≥ 4.0	GB 50550
	4. 吸水率	≤ 0.5%	GB/T 1034
	5. 水中溶解率	≤ 0.1%	GB/T 1034
	6. 热变形温度	50℃	GB/T 1634.2
粘接能力	7. 抗压强度	≥ 75MPa	GB/T 2567
	8. 抗拉弯强度	开裂全部发生在混凝土之内	按 FIP 做实验
	9. 抗剪强度	≥ 18.4MPa	按 FIP 做实验
	10. 钢对钢拉伸抗剪强度	≥ 15MPa	GB/T 7124
	11. 钢对混凝土的正拉粘结强度	≥ 2.5MPa，且为混凝土内聚破坏	GB/T 7124
长期使用性能	12. 不挥发物含量	≥ 99%	GB 50728—2011 附录 H
	13. 耐湿热老化能力	经 50℃、98% 湿度恒定作用 90d 后，试件的金属粘结抗剪强度的下降幅度不得超过参比试件强度的 10%	GB 50728—2011 附录 J

（2）悬臂段盖梁的胶拼准备工作

检查入库的材料牌号、性能是否与试验选定的材料相符，数量至少满足一个断面的涂胶要求。去除胶结面的油污、灰尘等杂质，确保接缝混凝土平整无疏松；涂胶前保持胶结面干燥无水，表面湿度可用石笔画在混凝土表面进行标识。准备好刮刀和托盘，以供涂刷环氧树脂操作使用，并做好防雨和防晒措施，防止雨水和日晒影响施工质量。

（3）拌胶

在不同温度条件下，同一产品、型号的环氧胶性能存在较大差异，主要反映在固化时间上。施工时，结合施工时段所处的环境温度选用不同型号的环氧胶（同一产品、不同型号的环氧胶适用温度由环氧厂家提供）。环氧胶在使用前将环氧树脂的 B 组加入 A 组中组合，并用专用搅拌枪在约 400r/min 状态下搅拌 2～3min，直到颜色均匀为止，搅拌过程中尽量避免引入空气。

（4）涂胶

根据设计图纸，匹配面涂装环氧树脂胶粘剂的配合比、配制方法、物理力学性能以及固化时间等。根据不同温度等作业条件进行相关试验后确定。涂胶混凝土温度不宜低于5℃，拌制完成的环氧树脂一般宜在45min内涂抹完毕，90min内进行拼接。环氧树脂胶粘剂的胶结强度应不低于C70混凝土相关性能指标要求，初步固化时间大于2h，并在24h内完全固化达到胶结强度，确保涂胶及加压等工序在完全固化前完成。

胶层要均匀，涂胶总厚度控制在2～3mm以内，挤压后胶体厚度控制在0.5～1.0mm。涂刷过程以及拼装后2h内应采取一定防护措施，防止雨水侵入和阳光照射。为加快进度，可分为几个工作面同时涂胶（图5.4-8）。

图5.4-8 悬臂1涂胶现场图

环氧胶采用刮刀配合托盘涂抹。为了保证在环氧胶失去活性前完成涂抹并张拉临时预应力，涂胶作业采用熟练工人快速作业；并在环氧胶施胶结束后，用刮尺检查涂胶质量，将涂胶面上多余的环氧胶刮出；厚度不足的再一次进行施胶，保证涂胶厚度。涂胶的原则是快速、均匀并保证涂胶厚度。在临时预应力筋张拉结束后，清除干净拼缝处挤出的环氧胶，并用通孔器对预应力管道进行清理疏通。

（5）胶拼面体内预应力管道处理

为避免胶拼时环氧胶挤入体内预应力孔道，以及确保体内预应力孔道接合面的密实、不漏浆，在体内预应力孔道周圈粘贴直径比孔道略大、厚约10mm的海绵垫圈。

（6）环氧树脂涂抹过程注意事项

用通孔器对预应力孔道进行通孔检查，防止环氧胶涂刷过多将孔道堵塞。测量人员测量墩顶段的竣工数据,为悬臂段的定位数据提供依据。张拉完毕,若拼缝处未挤出胶体,要及时用抹刀进行修补;张拉前不要清理挤压出来的胶,张拉完毕松掉吊具后,再用抹刀清理多余的胶体。

8. 悬臂1正式拼装

环氧树脂涂抹完成后,将悬臂1缓慢靠拢至墩顶段,利用预拼时的方法快速、精确对位。悬臂1与墩顶段之间采用临时预应力固定防止倾覆(图5.4-9),临时预应力设置在盖梁顶部及下部台节处。在预制时预埋钢齿块、高强螺栓、锥套及钢筋,盖梁安装到位后,穿精轧螺纹钢及螺母进行临时预应力张拉。

悬臂1顶部布置临时预应力,用于提供抗倾覆拉力;两侧台节处各段设置临时预应力,用于将拼接缝环氧树脂胶液挤饱满,同时作为防倾覆措施的安全储备。临时预应力张拉选择穿心液压千斤顶,千斤顶使用前需要进行标定。汽车起重机吊装千斤顶、油泵车至盖梁上,张拉结束之前,履带起重机保持不动,处于受力状态;待所有临时预应力张拉完成后,方可接触吊钩,完成受力转换。临时预应力筋张拉后,随即用通孔器通顺无钢束孔道。盖梁外表挤出的胶体需及时刮平。

图 5.4-9 悬臂1临时预应力施工图

9. 预应力施工

悬臂1预应力施工(图5.4-10)同墩顶段,悬臂2施工(图5.4-11)同悬臂1。待上部梁施工完成后进行盖梁整体预应力施工(图5.4-12),工艺同墩顶段、悬臂1、悬臂2预应力施工。

图 5.4-10 悬臂 1 预应力施工图

图 5.4-11 悬臂 2 施工图

图 5.4-12 预制盖梁施工完成图

第6章 桥跨结构施工关键技术

桥跨结构是桥梁的重要组成部分,与桥梁的形态、长度息息相关,不仅具有越山跨河的功能性,更具有美观大气的观赏性。桥跨结构形式多样,主要分为混凝土结构和钢结构。本章首先介绍预制梁施工,即预制梁安装、节段梁拼装,然后介绍现浇施工,包括支架现浇施工、移动模架逐孔现浇施工、悬臂浇筑施工,最后介绍钢箱梁安装关键技术。

6.1 预制梁安装关键技术

6.1.1 起重机架设技术

1. 技术概况

起重机架设技术是利用自行式起重机(汽车起重机、履带起重机)等,采用单、双台吊的方式,将预制梁吊装架设就位的施工方法。由于自行式起重机本身具有动力,不需要架设桥梁用的临时动力设备及其他方法架梁时所需要的技术工种,架设迅速,可缩短工期。

2. 适用范围

起重机架设技术适合在中小跨径、吊装高度满足要求、施工场地条件适宜的情况,吊装作业灵活方便、经济合理;不适于架设梁体大、桥梁高、地质条件较差的施工环境。

3. 施工工艺

预制梁起重机架设施工工艺流程图如图 6.1-1 所示。

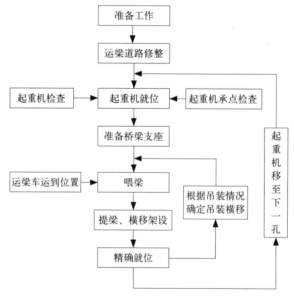

图 6.1-1 预制梁起重机架设施工工艺流程图

4. 技术要点

利用起重机架设预制梁的要点是起重机选型及站位，步骤和要点为：

（1）观察环境条件、现场平面布置，包括地面是否坚实平整、空中有无电线、周围有无其他构件、机械施工有无工作面等；

（2）明确预制梁的要求，包括尺寸、重量、重心，吊运的具体位置，正式就位后的空间位置和状态等；

（3）根据预制梁重量选用起重机的吨位，现场选择起重机站位、回转半径和额定载荷；

（4）起重机站位确定后，根据设备需安装的高度确定起重机臂长；

（5）根据选定的起重机臂长、工作半径，查看性能表，比对是否符合要求；

（6）技术经济比较确定方案。

6.1.2 门式起重机架设技术

1. 技术概况

门式起重机架设技术是指预制梁通过平板拖车、轨道平车等运输至桥孔后，采用跨墩门式起重机或墩侧高低腿门式起重机将梁架起，再横移到设计位置落梁安装、一跨各片梁安装完成后，通过轨道将龙门架拖拉至下一跨安装的架设工艺。

2. 适用范围

门式起重机架设的优点是架设安装的速度较快，适用于桥不高、孔数多、桥墩两侧地势平坦、铺设轨道不困难的旱桥，或水不深不通航的中小河流上桥跨施工；架设时不需要复杂的技术工艺，作业人员较少，但门式起重机设备费在高桥墩施工中较高。

3. 施工工艺

门式起重机架设施工工艺流程图如图 6.1-2 所示。

4. 技术要点

（1）门式起重机选型

根据工程使用范围、跨度、起重能力、高度、门式起重机结构形式等因素确定门式起重机技术参数，门式起重机跨度是影响自身质量的重要因素。门式起重机选型时，在满足设备使用条件和符合跨度系列标准的前提下，应尽量减少跨度。

（2）门式起重机提梁

预制梁提升区域场地须坚实、平整硬化。为防止预制梁在提升过程中与支腿钢管或安装完成的预制梁发生碰撞，在预制梁提升施工前，应在硬化地面上标示出预制梁停放的区域边线，确保预制梁提升过程的安全；桥下运梁车在运输预制梁到位时，必须确保预制梁在地面标示的边线区域内，方可进行预制梁提升施工。在全部预制梁提升施工完成前，应确保边线清晰可见。

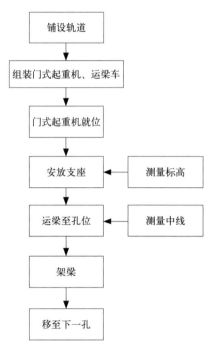

图 6.1-2 门式起重机架设施工工艺流程图

6.1.3 架桥机架设技术

1. 技术概况

架桥机架设技术是梁、板预制完成后,由专用运梁车通过路基或已架桥梁运送至专用架桥机后方,然后利用架桥机逐孔架设的方法;但运架一体式架桥机除外。

我国使用的架桥机类型很多。按所架设桥梁的用途划分,有公路架桥机、铁路架桥机、公铁两用架桥机及其他专用架桥机;按架梁时架桥机的受力状态划分,有悬臂式和简支梁式;按架桥机组成构件的来源划分,有专用架桥机和拼装式架桥机等。目前常用的架桥机(图 6.1-3)大部分为步履式,主要由主梁、后端支架、起重机、步行器等组成;整机采用跨步行进,依靠四个支腿作为架桥机的主要支撑结构,通过相互间有序换步实现步履纵移,无需在桥面铺设纵移轨道。

2. 适用范围

由于大型预制构件的大量应用,架桥机在公路、铁路中的应用十分普遍。架桥机架设技术适用于桥跨较多、架梁工程量大的标准跨径桥梁,其特点是不受桥下通航(通车)和墩高影响,不影响桥下交通,架梁安全性高。

3. 施工工艺

架桥机架梁施工工艺流程图如图 6.1-4 所示。

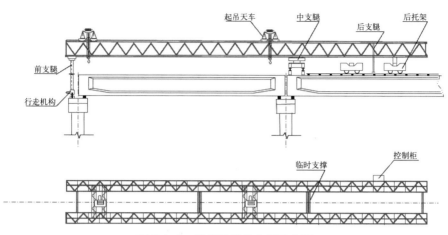

图 6.1-3 架桥机总体布置示意图

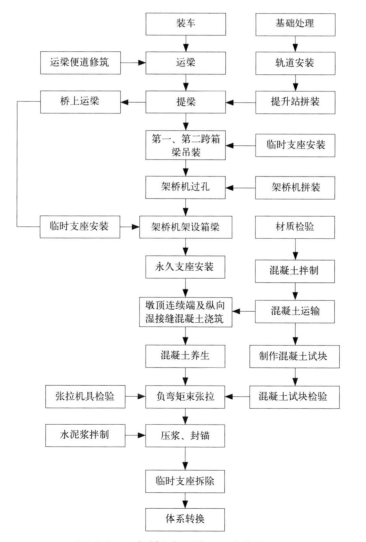

图 6.1-4 架桥机架梁施工工艺流程图

4. 技术要点

（1）架梁准备工作：主要包括架桥机的拼装、试运行及自检等。对于从桥头开始架梁的工程，架桥机在桥台后方拼装；对于需从中跨开始架梁的工程，则需要在架梁起始位置安装提梁站，提梁站通常采用跨墩门式起重机形式，施工中先利用提梁站架设两跨梁，再在已架梁上完成架桥机拼装。试运行检查主要包括空载试验、静载试验、动载试验。

（2）架桥机过跨：由于不同架桥机自身构造存在差异，其具体的过跨流程也各有不同，但原理基本相同。

（3）架桥机运梁：运梁分为桥下运梁和桥上运梁。桥下运梁是指对于在桥跨中设置提梁站的架设工程，需要将梁、板经预制场运抵提梁站的过程。对于质量较小的梁、板，可采用普通轮胎运梁车；对于大型箱梁的运输，则需要专用运梁车。桥上运梁是指梁、板经提梁站提起，放置于已架梁上方的运梁车上，经运梁车沿桥面运输至架桥机后方喂梁。

（4）架桥机架梁：

1）运梁车运输梁段纵移，架桥机两台吊梁平车后移至架桥机尾端，由前吊梁平车吊起梁体前端脱离运梁车后向前牵引，而后端由运梁车承托向前缓慢移动。

2）待箱梁后端送至后吊梁平车下放时，后吊梁平车将箱梁后端吊起，此时箱梁由前后两台吊梁平车悬吊。

3）前后两台吊梁平车悬吊箱梁前移至孔位上方后架桥机整机吊梁横移到位后落梁。落梁后将新架设梁与前一跨梁在端头采用钢筋焊接牢固，边梁就位时在两端加设牢固的临时支撑。第二片梁就位后，除设置临时支撑外，还应立即将两片梁之间的湿接缝钢筋进行焊接，以增强稳定性。

6.2 节段梁拼装关键技术

6.2.1 起重机架设技术

1. 技术概况

预制节段的悬臂拼装，可根据现场布置和设备情况采用不同的方法；吊装架设设备采用履带起重机或汽车起重机。在预制梁场预制节段梁，并在两桥墩之间搭设膺架；将预制节段梁依次吊装并精确调整就位，穿预应力钢束，绑扎钢筋，浇筑湿接缝混凝土，使梁体成为一体；张拉各预应力钢束，压浆、封锚，膺架移至下一孔跨。

2. 适用范围

适用于中等跨径（30～50m）、桥梁总长度较长的海上、大型河流湖泊、山区桥梁以及城市高架与轻轨等上部结构箱梁施工。

3. 施工工艺

节段梁起重机吊装施工工艺流程图如图 6.2-1 所示。

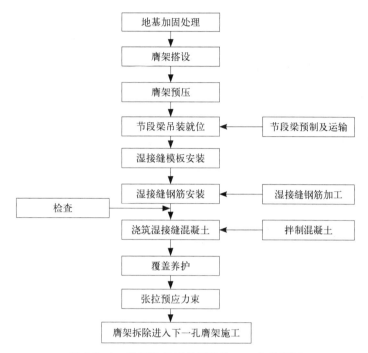

图 6.2-1 节段梁起重机吊装施工工艺流程图

4. 技术要点

（1）支架搭设

根据现场水文、地质条件、主体工程数量和工期要求以及现有材料、机械、设备条件拟定支架方案。支架需做专项设计、计算，并提供施工图，保证结构强度、刚度和稳定性，且技术经济指标合理。支架可采用工具式支架（扣件式、碗扣式及盘扣式）及梁柱式支架（钢管贝雷支架、钢管型钢支架），搭设完成进行支架预压，检验支架及地基的强度、稳定性；消除整个支架的塑性变形，消除地基的沉降变形，测量出支架的弹性变形。

（2）节段梁施工

1）节段梁预制及运输，包括预制场选择、节段梁预制、节段梁运输等阶段。预制节段可用长线法或短线法进行制造，其制梁台座应坚实、无不均匀下沉；使用前应按 1.5 倍节段重量进行预压，3d 的沉降量小于 3mm 时即可停止预压。台座顶面与梁底平面相一致，并应考虑预制时台座与底模的压缩及拼装成桥后梁体线形变化的影响。预制前应按绘制的底板线形图施工底模，每浇筑一个节段后测量其变化及时进行调整。

长线法的优点是台座可靠，因而成桥后线形较好，长线台座使梁段存储有较大余地；缺点是占地较大，地基要求坚实，混凝土的浇筑和养护移动分散。短线法的优点是场地相对较小，浇筑混凝土用的模板及设备仅需前后两套；匹配浇筑后将前后节段调走，后节段移至前节段的位置后，作为第三节段的端模，循环往复进行制造；效率较长线法提高很多，并适用于平面及纵坡有曲线变化的桥梁。但节段预制精度要求严格，一般比长线法高一个数量级；并需将资料输入计算机综合考虑后对下一节段的线形进行补偿，施工要求严，调整模板的工作多。节段梁自存梁场由起重设备起吊，由陆路或水路或陆路与水路结合运输到悬拼地点。

2）节段梁安装（图 6.2-2），节段梁的吊装高度、工作半径应满足施工要求。索具、夹具应满足节段梁起吊要求，索具、夹具的计算应满足《路桥施工计算手册》的相关规定。根据现场施工要求，配合吊装进度施工计划，每孔节段梁吊装顺序：跨中节段→两端节段（由中间至两端依次对撑、平衡吊装）。

节段梁吊装工艺操作步骤主要包括调位千斤顶、临时支撑的安放，起重机及运梁车的作业就位，静态试吊，正式吊装等步骤。

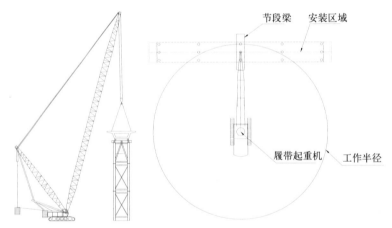

图 6.2-2 节段梁吊装示意图

(3) 湿接缝施工

湿接缝宽度宜为 0.5～1.0m，位于节段梁之间。湿接缝施工前应设置劲性骨架，劲性骨架的设计及计算应符合相关规范要求，以确保湿接缝混凝土在终凝后处于受压状态。

湿接缝施工工艺流程：安装底模、外侧模→安装预应力管道和预应力筋→安装钢筋及内模→安装劲性骨架→张拉临时钢束→浇筑混凝土。湿接缝模板一般采用定制钢模，由钢模生产厂家加工生产；采用木模时，应进行相应的受力验算，符合施工要求。

混凝土由搅拌车通过施工便道及栈桥运输至节段梁架设部位，用泵车或提升机具将混凝土送至湿接缝处。整体检查合格后浇筑湿接缝混凝土，并及时进行养护。湿接缝混凝土强度达到设计张拉强度时，张拉永久预应力束。

（4）预应力施工

节段梁预应力体系主要包括体内预应力及临时预应力两部分。临时预应力为相邻节段间临时预应力，为了使节段梁与湿接缝之间的结合面得到良好的填充和紧密的咬合，在相邻节段就位并在湿接缝施工完成后，即在相邻两节段上张拉临时预应力筋。

节段梁拼装时的临时预应力采用精轧螺纹钢筋进行施加，临时预应力设计应符合设计要求，使节段梁与湿接缝结合面处于受压状态，避免真空压浆时出现漏气现象。

6.2.2 门式起重机架设技术

1. 技术概况

门式起重机架设技术是在桥梁两侧架设大吨位门式起重机，将预制节段梁吊装并精确调整就位，涂刷胶结材料，浇筑湿接缝混凝土，穿并张拉预应力钢束，压浆、封锚，使梁体成为一体。

2. 适用范围

适用于直线段大跨径（主跨 50～100m）连续梁、桥梁总长度较长的陆地桥梁以及城市高架与轻轨等上部结构箱梁施工。

3. 施工工艺

节段梁门式起重机吊装施工工艺流程图如图 6.2-3 所示。

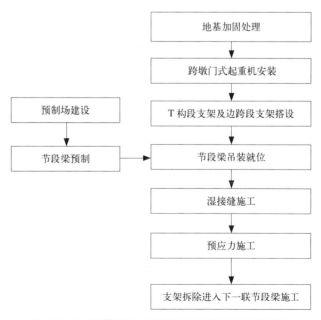

图 6.2-3 节段梁门式起重机吊装施工工艺流程图

4. 技术要点

节段梁在预制场内预制后采用纵向及横向倒运设备将节段梁运至跨墩龙门处,经提梁门式起重机吊装墩顶T构段及边跨支架段进行拼装。除墩顶块由汽车起重机或履带起重机安装外,其余节段的吊装采用跨墩门式起重机,采取T构悬拼和边跨支撑拼装方式。

(1) 跨墩门式起重机安装

门式起重机的选用应符合节段梁起重重量及起重高度要求,节段梁重量一般为100～150t,可选用150～200t门式起重机。安装门式起重机,起重机拼装完成后应组织进行各项指标测试、试吊,具体指标应符合建筑机械安全操作相关规程的要求。

(2) T构段支架及边跨段支架搭设

支架形式可根据现场实际情况采用满堂式支架或梁柱式支架,可多工作面同时施工。梁式支架适用于墩高较高的梁体施工。满堂式支架主要适用于地基条件较好,跨越旱地且墩高较低的梁体施工。T构段一般采用梁柱式支架,其设计及计算应满足梁体自重、T构抗倾覆及施工荷载的承载力要求。边跨段支架可根据现场实际情况采用满堂式支架或梁柱式支架。

(3) 节段梁拼装

1) 节段梁拼装(门式起重机)工艺流程

节段梁拼装(门式起重机)工艺流程图如图6.2-4所示。

2) 标准T构施工步骤

①节段梁起吊预拼装

梁段试拼的目的:提前将梁段拼装就位时的空间位置进行确定,以缩短涂胶后的梁段拼接时间,防止因门式起重机操作、指挥梁段就位人员以及具体操作人员不熟悉程序或经验不足及相互协调不好而使梁段在较长时间内不能精确就位,导致胶体在临时预应力张拉前或张拉过程中塑性消失或硬化。

梁段经两台门式起重机起吊至与已拼装梁段相同高度后停止,缓慢将悬挂节段向已拼梁段靠拢;在快靠拢时,用木楔在两梁段接缝间临时塞垫,防止梁段撞伤。等梁段稳定后,通过吊具的三向调整功能对起吊梁段的位置调整,使其与已拼梁段端面匹配。

取出垫木,缓慢驱动门式起重机将起吊梁段与已拼梁段拼接;到位后观察上、下接缝是否严密,有无错台。试拼装时,通过吊具三向调整功能微调,调整待拼节段标高,节段拼接面靠拢,保证节段拼接面完全匹配。检查箱梁节段标高、中线和匹配面的情况,检查预应力孔道接头对位情况,消除或降低存在的偏差至符合要求,检查临时预应力钢筋及张拉设备是否完善。试拼完成后将梁体移开0.5～0.2m(以方便胶拼为准),除平移外,节段的标高和倾斜度不应进行调整。

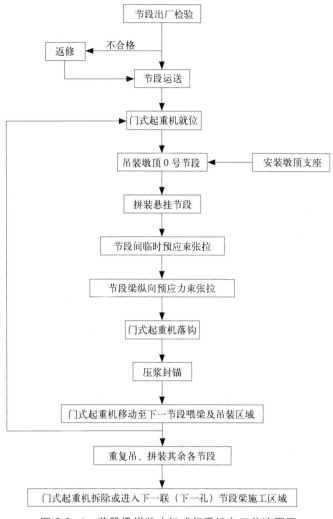

图 6.2-4 节段梁拼装（门式起重机）工艺流程图

② 节段胶拼施工

节段的胶拼是上部结构施工的重点工作之一。胶拼面环氧树脂胶拼材料应填充密实，涂抹厚度均匀，胶结牢固，胶缝外观整洁；预应力孔道保持畅通是节段胶拼的一个重要控制目标。涂胶总的原则是快速、均匀并保证涂胶厚度。为了保证梁段在环氧胶的作用下把两对梁粘贴密实，在架桥机起吊梁段到安装位置时，对拼装梁段的两匹配面再一次检查和清理。

涂胶面要用钢丝刷、砂纸打平，并洗干净和保持干燥。环氧胶采用人工橡胶手套涂抹，正常情况下，施胶厚度为3mm。为保证在环氧胶失去活性前完成涂抹并张拉临时预应力，涂胶作业采用熟练工人快速作业（20～30min 内），并在环氧胶施胶结束后，用特制的刮尺（墙面抹灰用的小刮刀）检查涂胶质量，将涂胶面上多余的环氧胶刮出，厚度不足的再次进行施胶，保证涂胶厚度。

为了保证压浆质量，避免压浆时真空度达不到要求、匹配面处管道串浆，匹配面在顶板顶层和底板顶层采用橡胶密封圈进行匹配。其余通过束的孔口全部贴一层环氧树脂净浆浸透的 5mm 的海绵垫圈，以防止压浆时漏浆及匹配面处串孔。同时如遇该处拼缝不密贴，注浆补缝时可防止浆液流入孔道内堵孔，涂胶时注意对预应力管道四围涂胶质量的控制。涂胶时取两组试件，与梁体胶拼面同条件养护。

在临时预应力筋张拉结束后，清除干净拼缝处挤出的环氧胶，并用波纹管清理器对预应力管道进行清理。

③节段梁精确就位

涂胶完成后，利用门式起重机将 1 号梁段缓慢靠拢墩顶块，并用门式起重机上安装的调位系统精调就位。

④临时预应力张拉

a. 钢齿坎安装

为了不影响梁段拼装时间，钢齿坎安装在后场进行。检查锚孔位置是否与设计相符，如果偏离设计要求，必须重新钻孔。在钢齿坎安装过程中，用钢板制作的垫块对钢齿坎与箱梁接触面进行找平处理。

b. 临时预应力张拉

涂胶完毕，移动吊架小车，使梁对位胶拼。对位时，使梁块腹板顶板上的剪力键和箱内底板上画的骑马线对齐、对严。梁段在涂胶并与 0 号梁段拼接后，及时安装临时预应力筋（精轧螺纹钢筋），并用穿心式液压千斤顶按设计荷载张拉到位，张拉力应与胶拼面轴对称。

由于临时预应力张拉顺序可能会对梁段线形产生影响，特别是有调整的梁段，因此，临时预应力张拉时必须严格按照设计给定的张拉顺序和张拉力进行操作。临时预应力筋张拉后，随即用通孔器通顺无钢束孔道，以免挤出之胶堵塞孔道，梁体外表挤出之胶液应及时刮平。

c. 悬拼体内预应力束张拉及压浆

待环氧树脂强度达到设计要求后，张拉悬拼预应力束。每段梁块胶拼，钢绞线张拉后切除余量，安装压浆管，压浆后进行锚槽封填。张拉临时预应力后，对拼接缝进行仔细检查；凡是可见的缝隙要根据其位置、大小，分别用环氧树脂或净浆进行灌浆或注浆。刮除梁体外表挤出的胶，对色泽与节段混凝土不一致之处应先将其铲除。悬拼体内预应力束利用悬挂于门式起重机两侧的操作平台施工，预应力施工符合预应力施工相关技术规程及质量标准。

在预应力张拉完成后，门式起重机落钩，拆除门式起重机吊具，按要求解除节段梁顶、底板临时预应力钢筋；并采用真空辅助压浆工艺对预应力管道压浆。临时预应力必须滞后纵向预应力两个节段才能拆除，边跨节段临时预应力和中跨最后两个悬拼节段临时预应力需待张拉合龙束后方能拆除。

d. T 构段其余梁段安装

悬拼预应力索张拉完毕后，门式起重机吊具松钩，对称起吊下一梁段，按相同方法施工剩余悬拼节段梁，完成一个标准 T 构拼装。

e. 测量与监控

在每对（块）梁段拼装完成后，在每天早晨采集箱梁顶面控制点测量数据，同时每天下午再观测一次，作为温差对线形影响的参考依据。采集的数据输入专业监控数据库，经程序对安装数据进行判断、预测、修正后，输出下一梁段安装数据。正常情况下，箱梁节段安装每 2～3 对监控一次；在异常情况下，可酌情增加监控频率。

6.2.3 桥面起重机架设技术

1. 技术概况

桥面起重机架设技术是指节段梁在墩顶拼装、固定完成后，在墩顶节段梁上悬臂拼装设备（如挂篮、贝雷等），然后利用悬拼设备平衡地逐段向两侧悬臂拼装节段梁块，并逐段施加预应力，最终完成全桥合龙的施工方法。

悬拼起重机靠锚杆锚固于拼装好的梁段上，该锚固系统设置在悬拼起重机前支点后，具体锚固位置、锚固根数需根据计算确定。纵向主桁起主要承重作用；横向起重桁是供安装起重卷扬机直接起吊箱梁块件用的构件，其支撑在轨道平车上，轨道平车搁置于铺设在纵向主桁上弦的轨道上。横向起重桁的行走采用轨道平车，用捯链滑车牵引。起重卷扬机安置在横向起重桁上弦，起重机在起吊梁段时，通过横向起重桁的行走及卷扬机的提放来调整箱梁的空间位置。工作吊篮悬挂于纵向主桁前端的吊篮横梁上，吊篮横梁由轨道平车支承以便工作吊篮的纵向移动；工作吊篮供预应力钢束穿束、千斤顶张拉、压注灰浆等操作使用。当一个节段拼装完成后，起重机需向前行走；起重机的整体纵移可采用钢管滚筒在木板上滚移，由电动卷扬机牵引；牵引绳通过转向滑车系于纵向主桁前支点的牵引钩上（图 6.2-5）。

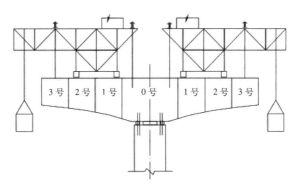

图 6.2-5 桥面起重机拼装节段梁示意图

2. 适用范围

桥面起重机架设技术适用于地面条件较差、桥跨较多的情况，不受地形、跨径的限制。

3. 施工工艺

桥面起重机拼装节段梁施工工艺流程图如图 6.2-6 所示。

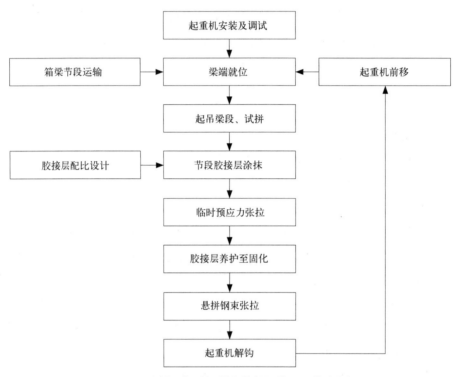

图 6.2-6 桥面起重机拼装节段梁施工工艺流程图

4. 技术要点

（1）墩旁托架法和墩梁临时固结法

1）在墩旁两侧设临时支架用以承受悬拼时荷载。在墩旁设立支架，既是作为 0 号块现浇时的支架，又用于承受在体系转换前整个 T 构的重量及由于不平衡荷载而产生的倾覆力矩，从而确保悬臂施工的安全。作为 0 号块现浇的支架，在其上作用的荷载较小，且为面荷载；而作为 T 构的支架，则要求 T 构要和支架之间以临时支座的形式相连，合龙后临时支座脱载而完成体系转换。连续箱梁的正式支座自 0 号块施工完毕到合龙前均不得受力，整个 T 构的重量支承在墩旁托架的临时支座上；为增强承压强度，承台顶部支承立柱、立柱顶面支承临时支座等部位，增设钢筋网，并在立柱底面和承台之间布置抗滑、抗剪栓。

2）墩梁临时固结法

在墩帽正式支座顺桥向前后分别设立两个临时支座用以承受T构的重量。一般地，临时支座抵抗不平衡弯矩能力较小，故梁与墩之间采用竖向钢筋将梁体与墩帽临时固结，一般称为墩梁固结。

桥墩施工完毕后应在墩两侧安装托架现浇0号块。安装0号块底模前压重，消除其非弹性变形，在墩帽上安装正式支座和临时支座，临时支座一般由水泥和硫磺砂浆相间，在墩顶现浇而成；锚固钢筋将梁0号块锚固在桥墩上，以利悬臂拼装。临时支座与正式支座均支承于桥墩上，大部分重量在临时支座上，可以免除将来合龙后正式支座下板与支承垫石之间压浆的工作。

节段梁在胶拼过程中，由于受风力荷载作用，对梁体产生横向推力，并对T构产生水平旋转推力。必要时在墩帽两侧设置横向约束反力支座，与墩帽固结，既可抵抗水平力又可抵抗水平旋转推力。

(2) 0号块施工

由于在1号块未拼上去前，0号块长度较短，此时吊架可设计为锚于墩顶0号块上的双悬臂起重机。在1号块、2号块拼装完毕后，梁上面积增加，可将双悬臂起重机拆开改装为两个独立的吊架。

(3) 块件起吊运输

块件自存梁场由起重设备起吊，由陆路或水路运输或陆路与水路结合运输到悬拼地点。由陆路运输的，直接在存梁场装上轮胎式运输平车或轮轨式运梁台车。由水路运输一般由门式起重机运至码头，通过栈桥装上船；为降低重心，梁块一般置于船舱内，并在底部垫三角形楔块保持梁块水平。通过驳船浮运至悬拼地点，并将驳船靠泊稳定。箱梁块件挂好吊点后，两侧块件尽量同时起吊，块件吊离20cm左右即停止提升，检查起重设备是否正常工作。当确认一切安全可靠后即可继续提升然后撤走运输设备，当块件继续提升至拼装高度后进行试拼。

箱梁拼装，采用对称悬拼，各工序应同步。但考虑到实际施工中，两伸臂同号块在起吊、对位等难以达到完全同步，允许两伸臂同号块的悬拼时间（指吊架起钩时间）可略有差异。严禁两伸臂悬拼时，有相差一块的不对称现象（如一端拼N号块，而另一端拼$N+1$号块），除非是设计要本身要求这样拼装即T构本身是不对称的。

梁块在吊运前应核对梁块的编号，查阅梁块的混凝土龄期是否符合要求，对外观缺陷应提前修补好，在存梁台座上对每个吊点逐个检查。

(4) 块件拼装

① 1号（1号′）梁块拼装

1号（1号′）梁块是拼装的第一块段，其拼装的准确与否，对成桥的线形具有重要影响。

a. 1号（1号′）梁块一般置于膺架上拼装，亦可直接由吊架悬吊；做好1号（1号′）梁与0号块之间的连接，张拉临时束牢固定位1号（1号′）块。

b. 湿接头面的处理：0号和1号（1号′）梁块的拼接面，均应打毛凿除浮浆，清洗干净，露出新鲜的混凝土面，与现浇混凝土结合。

c. 湿接缝内制孔器应根据箱梁预制时制孔设备采用相应设备。采用波纹管或铁皮管制孔时铁皮管或波纹管伸入两块件端面的孔道中不少于5cm，接触处应用环氧树脂水泥砂浆捻缝防止漏浆；若采用胶管制孔，胶管应通过1号块的孔道插入0号块孔道中插入量不得少于20cm，胶管内插入芯棒。

d. 1号（1号′）梁块就位后即可安装模板，模板安装要牢固并且与梁块密贴，模板与梁面间夹ϕ10mm泡木条以免漏浆。

e. 湿接头混凝土一般为小石子混凝土，陷度一般6~8cm，可掺1/10000铝粉作膨胀剂，其强度等级与此梁体混凝土强度等级相同亦可提高一个强度等级并尽早张拉。

② 2号（2号′块）~N号（N号′）梁块胶拼

a. 梁块用吊架吊起到一定高度，移动吊梁小车使欲拼梁块与已拼梁块对位试拼；试拼通过后再移动吊梁小车将梁块离开30cm左右，穿悬拼预应力钢束；在每孔钢束上套一个环形海绵，在涂完腹后将海绵贴在匹配面上防止漏浆，待悬拼钢束穿好后准备涂胶。

b. 涂胶面要用钢丝刷、砂纸打磨平、正、干净，胶拼面的含水量（即潮湿或干燥状）要符合胶拼材料的要求。

c. 根据施工需要，选用相应固化时间的配方，留有一定时间让操作者涂胶、张拉临时束，一般24h能达到设计强度。

d. 具体施工时应根据不同季节选用不同配方。

e. 环氧树脂的涂布方法，要先上后下方向一致均匀涂刷，两面涂胶；为加快进度，可分几个工作面同时进行涂胶。厚度以1~1.5mm为宜；涂胶不能流入孔道，对沾染在孔道内侧边缘的应予清刮。

f. 涂胶完毕，移动梁块对位胶拼；对位时，使梁块腹板的对位键和拼装用的对位线均对齐。

g. 张拉压胶束使胶拼面产生0.2~0.25MPa的压强，压胶束张拉后随即用通孔器，通畅无钢束孔道，以免挤出胶堵塞孔道。待环氧树脂固化达到设计要求的张拉强度后，按设计要求张拉预应力束。

h. 张拉临时压胶束，可采用悬臂梁自有钢束施加预应力，亦可设计体外压胶束，体外束在顶板顶面和底板上，断面压力比较均匀；而采用自有钢束易导致底板压力分布不均匀。

i. 梁块胶拼后要进行遮盖养护，以防雨、雪和阳光直射；冬期施工应采取保温措施，但不得用蒸汽养护，可采用麻袋加蓬布覆盖的保温措施。

（5）预应力施工、张拉、压浆、封锚

悬臂拼装预应力的施工与悬臂浇筑施工大体相同，这里不再赘述。

（6）直线段、合龙段施工及体系转换

①连续梁第2墩和倒数第2墩的T构拼装完成后应根据T构的悬拼竣工标高设立直线段底模，进行直线段的施工。

直线段膺架应加载预压，预压荷载宜为设计荷载的1.2倍，加载时间不少于24h，以消除膺架的下沉和非弹性变形。直线段的标高既要符合设计要求，又要顾及与之合龙的T构悬臂端的标高，而T构悬臂端的标高亦可采取压重措施进行调整，在合龙时高差符合要求。

②边跨合龙段的施工要待直线段的混凝土强度达到设计要求后才能进行合龙段的施工。

合龙的顺序要按设计要求进行，一般是按先端跨再中跨的顺序对称合龙。端跨的合龙段可在膺架上施工，中跨合龙段使用吊篮施工。合龙段施工时应将拼梁吊架拆除和清除T构悬臂上的其他荷载（为调整标高施加的压重除外），然后安装现浇吊篮。欲合龙的两梁块端面，应凿毛、冲洗清理干净，使合龙面接触良好，以增强混凝土的粘结力。

各合龙段混凝土浇筑完毕不能算合龙完成，只有在预应力施工完毕即所有通过合龙段的钢束张拉到位，该合龙段才能算真正合龙。

梁端封锚在边跨箱梁合龙并完成压浆工作后即可进行，由于箱梁一般较长故热胀冷缩影响较大，封锚段的长度应随施工时的环境温度而定。

6.2.4 架桥机架设技术

1. 技术概况

在进行梁节段拼装前，应根据整跨桥梁的设计重量和现场条件选定架桥机形式，移动式导梁架桥机采用连续桁架拼装而成，最常用的为上行式及下行式两种。

导梁架桥机法节段拼装又分为悬臂节段拼装和整跨拼装两种形式。

悬臂节段拼装中箱梁节段在桥下就位后，移动架桥机起重天车起吊梁段，然后调整箱梁高程、平面位置及纵、横坡，使之符合线形控制精度要求。吊具保持高度、横坡不变，平移梁段一定距离，接着人工涂抹环氧胶粘剂。再次调整梁段的位置，使其精确对位，接着张拉临时顶应力，待胶接层养护至固化后，张拉永久预应力，完成节段拼装。解除天车主吊具，吊具前移，重复以上步骤，拼装下一节段，直至最大悬拼节段。边跨梁段采用逐块悬挂拼装方法施工。一孔施工完后，将导梁架桥机行走一孔距离准备施工下一孔箱梁。

箱梁节段在桥下就位后，移动架桥机起重天车先起吊安装紧邻上跨的梁段定位，然后依次吊装其余各节梁段，最后调整线形，校准行进方向最前的梁段，并将其临时固定，确保无位移及转动。安装时将各节段向墩方向偏移，预留涂胶接层的空间。将行进方向最前的两段梁临时对接，通过张拉临时束预拼，检查拼接缝的密贴程度，以决定不同部位的涂胶厚度；检查线形高程和箱梁中线，以掌握纠偏的方向和程度，做好纠偏的准备工作。预拼完毕后，将梁段脱开，施工胶接层。按同样方法依次安装其余节段，最后张拉所有预应力束，整孔落梁至设计位置，完成一整孔梁的架设，纵移架桥机过孔，进入下一孔跨架梁。

2. 适用范围

适用于单跨跨径 50m 及以下桥跨，对地面社会交通的影响较小，也可在河谷、海洋等环境下不依赖辅助设施进行施工，其特点是架桥机可实现前部、后部和底部 3 个方向提取节段梁安装，受场地影响较小。

3. 施工工艺

架桥机架设及整跨拼装施工工艺流程图如图 6.2-7 和图 6.2-8 所示。

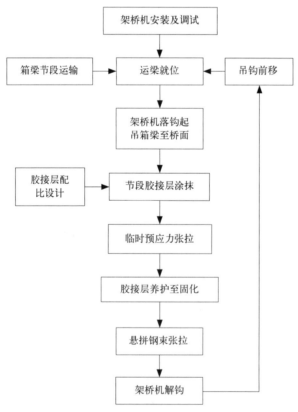

图 6.2-7 架桥机架设施工工艺流程图

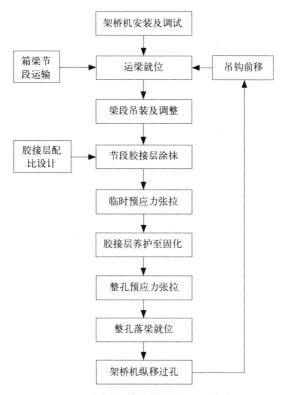

图 6.2-8 架桥机整跨拼装施工工艺流程图

4. 技术要点

（1）箱梁整体线形调整

梁体由于混凝土收缩徐变及预应力作用下，梁体的长度方向产生压缩变形，在竖向方向上产生上拱度，为了保证线路在运营状态下的平顺性，在节段箱梁架设的过程中，应充分考虑梁体线形控制。以下从理论计算确定相关线形参数，具体数据应在经过移动支架检测和简支箱梁监测后根据实测数据进行适当调整。

1）预拱度设置考虑因素

①为抵消预加应力引起的上拱，箱梁整孔组拼时须设置反拱（下拱）$\Delta 1$；

②设计二期恒载上桥时间按预加应力后半年计算，理论计算残余徐变拱度值为$\Delta 2$；

③考虑静活载引起的一半的挠度值，既在跨中设置反拱（上拱）$\Delta 3$；

④移动支架在节段箱梁及湿接缝重量作用下产生的下挠度 $\Delta 4$；

2）预拱度设置

考虑到上述 $\Delta 1$、$\Delta 2$、$\Delta 3$ 三个反拱值均系箱梁自身因张拉、徐变、荷载而设置的反拱值，因此将前述 $\Delta 1$、$\Delta 2$、$\Delta 3$ 三个跨中反拱值统一考虑，由此引起的移动支架支承点的反拱值按照二次抛物线进行过渡。而 $\Delta 4$ 系因移动支架变形造成，由此引起的移动支架各支承点反拱值（均根据计算确定）则分别对应进行累加设置。

计算出总的反拱值后，根据需要，在各节段梁支承点处抄垫及布置顶梁千斤顶。架梁过程中，控制每一节段梁纵、横、竖向偏差均不大于2mm。

3）墩顶节段箱梁预拱度设置

每跨的节段箱梁中1号、1号′节段梁是支撑在墩顶上。所以在1号、1号′节段箱梁架设时，不考虑移动支架因各种因素产生的变形。只需考虑箱梁自身因预应力等有关因素而产生的上拱影响，计算出1号（1号′）块端部需设置的反拱值。

（2）支座安装、安装波纹管、穿钢绞线、湿接缝、预应力等施工

（3）架桥机主桁落梁

由于张拉完首批纵向腹板预应力钢束后，箱梁梁体已经开始反拱，梁体体系受力进行转换。若继续进行后续钢束的张拉，移动支架卸载过程中的回复力有可能导致梁体上缘应力出现较大的拉应力，从而影响梁体安全。因此在张拉完首批预应力束后须对移动支架主桁进行落梁，进行梁体受力体系转换，将移动支架与箱梁主体结构纵向预应力体系共同受力转换成仅箱梁纵向预应力体系受力承担箱梁自重。

（4）架桥机前移就位

架桥机采用连续张拉千斤顶+钢绞线拖拉过孔。操作顺序为：安装前方墩旁托架系统和前锚梁→在设计位置上安装后锚梁→安装纵移连续千斤顶、拖拉钢绞线→拆除架桥机上两桁之间的横梁→拖拉直至到位→纵横向位置调整→安装两桁之间横梁。

前移过程中，提梁起重机固定在移动支架尾部作为配重使用，并保证起重机与走道梁固定牢靠。两台连续张拉千斤顶应保持同步，否则应停止拖拉作业，调整至同步后方可继续拖拉过孔作业。支架移动到位后，先对其平面位置进行测量，确定需纵、横移微调的量，然后用纵横移千斤顶对移动支架主桁的平面位置进行调整，调整时要保证纵横移千斤顶支点受力满足要求。

6.3 支架现浇梁施工关键技术

6.3.1 技术概况

支架上现浇梁式桥施工是在桥孔位置处安装支架、立模后就地施工钢筋混凝土的工艺，是一种传统且常用的施工方法，具有适用性强、受力均匀、加工容易、拆卸方便等优点，施工工艺成熟。

6.3.2 适用范围

支架现浇梁施工凭借操作简单、适应能力强、对机具和起重能力要求不高、桥梁

整体性好、施工中不出现体系转换等突出优点,在长大跨径及变宽、弯桥等结构复杂的梁式桥中得到广泛应用。

6.3.3 施工工艺

支架现浇梁单个施工单元施工工艺流程图如图6.3-1所示。

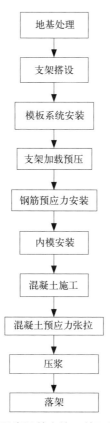

图6.3-1 支架现浇梁单个施工单元施工工艺流程图

6.3.4 技术要点

1. 地基处理

(1)满堂式支架地基处理

1)根据桥位处的实际地基情况,对地基进行处理,使地基承载力达到设计要求。如原地基地质状况较差,采用换填一定深度的砂砾、石料;如原地基地质状况较好,将原有地基整平压实后,在其上分层填筑一定厚度的砂砾,并用振动压路机进行碾压密实。

2)设置横坡及排水沟,便于及时排除雨水。如纵向坡度过大,采取设置台阶方式,便于底托支垫平整。

3）在处理后的地基上施作 15～20cm 厚的 5% 石屑水泥稳定层或 C20 素混凝土作为支架基础。

(2) 梁式支架地基处理。

梁式支架一般两端利用桥墩承台为基础，中间支撑点采用扩大基础或钢管桩基础。扩大基础采用现场浇筑 C30 钢筋混凝土。钢管桩基础采用振动锤配合施工，打到设计入土深度。

2. 支架搭设

(1) 满堂式（盘扣）支架搭设

1）支架的搭设采用逐排和逐层搭设的方法，其交叉支撑、剪刀撑、水平纵横加固杆应紧随支架的安装及时设置，做到随搭随设的要求。

2）搭设前按平面布置图所示位置先弹出立杆位置线，垫板、底座安放位置应准确，然后由低向高搭设支架，支架搭设完成后设纵横向剪刀撑和水平加固杆，支架下设可调底座、支架顶安设可调顶托。

3）交叉支撑应要采用锁与门架立杆锁牢，施工期间不得随意拆除；整个支撑架必须设置扫地杆，扫地杆距地面 0.2m。

4）剪刀撑应在满堂脚手架的外侧周边和内部每隔 5m 纵横按设计要求设置，剪刀撑宽度不大于 4 个跨距或间距，斜杆与地面夹角宜为 45°～60°。

5）测量底模标高，底模标高及平整度合格后，逐个检查承托松紧度并固定。

(2) 钢管支架搭设

1）钢管柱安装

钢管柱安装一般采用汽车起重机和人工进行，应严格控制钢管柱的垂直度和平面位置。钢管之间用水平撑、斜撑联结，提高整体稳定性。

2）贝雷梁

先拼装成片拼、再视起吊能力拼装成组、分段吊装就位。用起重机将在地面拼装好的梁吊起安放于支墩上的垫梁上，然后横向用花窗或连接系槽钢联成整体，提高其整体稳定性和抗扭转能力。

3）型钢分配梁安装

型钢梁安装采用汽车起重机和人工进行。

3. 支架预压

(1) 预压目的

检验支架及地基的强度、稳定性，消除整个支架的塑性变形，消除地基的沉降变形，测量出支架的弹性变形。

(2) 预压方法

在铺设完底模后，用编织袋装砂或水箱等对支架分节段进行预压，预压荷载不小于最大施工荷载的110%。预压过程中应注意砂带的防水，支架地基排水要通畅。

(3) 预压观测

为了解支架沉降情况，在预压之前测出各测量控制点标高，在加载50%和100%后均要复测各控制点标高；在预压的过程中平均每2h观测一次，观测至沉降稳定为止。预压时间一般为72h，在预压荷载卸载后再对测量控制点标高观测一次，从观测资料中计算出支架的弹性变形及地基的沉降值。

预压完成移除水箱或砂袋等压重物，根据预压结果得出设置预拱度有关的数值，据此对理论计算数值进行修正以确定更适当的预拱度。

4. 模板安装

(1) 底模

底模可以采用竹胶板或钢底模，根据荷载大小、模板使用次数选用。底模的楞木可以采用10cm×10cm或8cm×10cm的方木，间距一般在20～40cm之间。楞木与竹胶板用钉子固定。

(2) 侧模

侧模可采用定型钢模或木模，定型钢侧模与侧模排架在钢结构车间加工成整体，现场分节段吊装。木侧模在支架上直接拼装，并设置竖向、横向背带。竖向背带可选用方木，横向背带可选用钢管、轻质型钢、方木等材料。背带间距根据模板侧压力的大小及模板变形值通过计算确定。木侧模与内模之间需设置对拉拉杆，拉杆一般锚固在横向背带上。根据模板侧压力大小控制拉杆间距，一般为50～100cm之间。对拉拉杆根据设计选择光圆钢筋或精扎螺纹钢筋制作。

(3) 端模

端模板因有钢筋及预应力管道通过，模板宜采用竹胶板打孔。孔眼必须按钢筋及预应力管道位置精确定位切割。每个预应力预留孔位要编号，安装前应由技术人员检查签认，以便在下节段现浇施工中快速准确定位。

(4) 内模

内模可采用木模或组合钢模。内模先在拼装场地拼装成节，待底板、腹板钢筋及预应力管道安装完毕后，将内模分节吊入梁内组拼。为了保证内模位置，内模与钢筋间设置混凝土垫块作为支撑。为了防止内模上浮，每隔一定距离在外模设一道横梁，以横梁作为支撑用可调螺杆向下顶紧。为了固定内模使其不偏移轴线位置，采用木方及三角楔将内模与外模顶牢，在浇筑混凝土时将木撑逐步拆除。内模支撑系统可采用钢管脚手支架、木质排架等形式。

5. 钢筋制作、安装及预应力管道安装

(1) 钢筋制作及安装

为减少支架上的钢筋安装工作量，钢筋宜在桥位附近钢筋加工车厂制作，在安装前可先将钢筋整体绑扎成平面或立面骨架,当梁跨径较大时,可分段绑扎,当不能整体或分段绑扎时,则可以进行散绑。制作钢筋骨架时须焊接、绑扎牢固,以防运输或吊装过程中变形。吊装骨架时宜加设扁担梁。

多层钢筋焊接时,可采用侧面焊接,使之形成平面骨架,焊缝设置在弯起钢筋的弯起点处,如斜筋弯起点之间间距较大,应在中间部分适当增加短焊缝,以便有效地固定各层主筋。

用焊接的方法拼接骨架时,应用样板严格控制骨架位置。骨架的施焊顺序,宜由骨架的中间到两边对称进行,并应先焊下部后焊上部,相邻的焊缝应分区对称地跳焊,不可顺方向连续施焊。

为保证混凝土保护层的厚度,应在钢筋骨架与模板之间放置适当数量的垫块。

(2) 预应力管道安装

严格按设计坐标位置安装定位网,控制管道位置,保证预埋管道的线形。波纹管常采用塑料波纹管或金属波纹管,在波纹管附近进行钢筋电焊等作业时,注意对波纹管的保护,避免波纹管因烧伤破损而漏浆堵管或因变形后内径减小导致穿束困难。预应力管道曲线段按不大于25cm,直线段按50cm的间距设置定位网筋,定位网筋一般为"Ω"字形钢筋网。定位网筋与钢筋骨架焊接牢固,保证混凝土浇筑期间不发生位移。

6. 混凝土施工

(1) 混凝土配合比设计

混凝土的配合比设计应使用施工实际采用的材料,配制的混凝土拌和物不仅应满足和易性、凝结时间等工作性能要求,而且应符合强度、耐久性(抗冻、抗渗、抗侵蚀)等要求。

(2) 混凝土生产

混凝土生产集中在拌和站进行。拌制混凝土配料时,各种计量器具应保持准确。对骨料的含水率应经常进行检测,以调整骨料和水的用量。

(3) 混凝土运输

混凝土的运输能力应适应混凝土凝结速度和浇筑速度的需要,使浇筑工作不间断并使混凝土运到浇筑地点时仍保持均匀性和规定的坍落度。混凝土拌和物应采用搅拌运输车运输。

(4) 混凝土浇筑

浇筑混凝土前,应对支架、模板、钢筋和预埋件进行检查,并做好记录,符合设计要求后方可浇筑。模板内的杂物、积水和钢筋上的污垢应清理干净。模板如有缝隙,应填塞严密,模板内面应涂刷隔离剂。浇筑混凝土前,应检查混凝土的均匀性和坍落度。

混凝土从梁体较低的一端向较高的一端按水平分层、纵向分段依次浇筑,浇筑时间控制在初凝时间内。浇筑混凝土时上层与下层前后浇筑距离不小于 1.5m，每层浇筑厚度不超过 30cm。每段梁横断面混凝土浇筑顺序为先浇底板，再浇腹板，最后浇顶板。混凝土振捣采用插入式振动器，移动间距不超过其作用半径的 1.5 倍；振动器与侧模应保持 5～10cm 的间距，插入下层混凝土 5～10cm 左右。

(5) 混凝土养护

混凝土浇筑完成后，应在收浆后尽快予以覆盖和洒水养护，洒水以能保持混凝土表面经常处于湿润状态为度。当气温低于 5℃时，应覆盖保温，不得向混凝土面上洒水。

对大体积混凝土的养护，应根据气候条件采取温控措施，并按需要测定浇筑后的混凝土表面和内部温度，将温差控制在设计要求的范围内，当设计无要求时，温差不宜超过 25℃。

7. 预应力施工

(1) 准备工作

1) 锚具和夹具的类型符合设计规定，并抽样进行外观尺寸、硬度及锚固力检查和试验。

2) 张拉机具应与锚具配套，使用前对张拉机具进行检查和校验，校验时，千斤顶与压力表配套校验。

3) 预应力筋进场时，按批次抽取试件做拉伸试验、弯曲试验或反复弯曲试验。

4) 将锚垫板喇叭管内的混凝土清理干净；消除钢绞线上的锈蚀、泥浆。

5) 套上工作锚板，在锚板锥孔内抹上一层薄薄的黄油，在锥孔内装上工作夹片。

(2) 千斤顶的定位安装

1) 套上相应的限位板。

2) 装上张拉千斤顶，并且与油泵相连接，注意千斤顶要和油压表配套使用。

3) 装上工具锚板，在锚板锥孔内装上工具锚夹片，锥孔内表面和夹片表面涂上约 1mm 厚的蜡质润滑剂，以使张拉完毕后夹片能自动松开。

(3) 张拉

1) 混凝土强度达到设计要求时（设计无要求时，混凝土强度到达设计强度的 80%以上）方可进行张拉，张拉的顺序按照设计张拉顺序进行张拉，采用张拉力和伸长值双控，伸长值容许误差控制在 ±6% 以内。

2) 伸长量较大时应采用两次或多次张拉。

3) 为了消除钢绞线束不直和初始受力不均的影响，一般应在张拉力达到一定初始值之后，再进行伸长值的量测。可在钢束张拉时初始张拉力状态下标注伸长量起始记号，用量测值和理论计算值复核。

(4) 锚固

1) 松开送油油路截止阀，工作锚片锚固好预应力筋。

2）关闭回油油路截止阀，向回程油缸送油，活塞慢慢回程到底。

3）按顺序取下工具夹片、工具锚板、张拉千斤顶、限位板。

4）用砂轮切割机切割多余长度。

8. 真空压浆、封锚

(1) 准备工作

1）检查材料数量、种类是否齐备，质量是否合格。

2）检查机具是否完备。

3）将密封工具罩安装在锚垫板上进行封锚。安装时检查橡胶密封圈有无破损断裂，将密封罩与锚垫板上的安装孔对正，用螺栓拧紧，注意使排气口朝着正上方。

4）在水泥浆出口及入口处接密封阀门。将真空泵连接在非压浆端上，压浆泵连接在压浆端上，以串联的方式将负压容器、三向阀门和锚具盖帽连接起来，其中锚具盖帽和阀门用一段透明的喉管连接。

(2) 试抽真空

将灌浆阀、排气阀全部关闭，抽真空阀打开，启动真空泵抽真空，观察真空压力表读数，当管内的真空度维持在 $-0.08 \sim -0.06$ MPa 时，停泵约 1min 时间，若压力能保持不变即可认为孔道能达到并维持真空。

(3) 搅拌水泥浆

首先将称量好的原材料进行搅拌约 2min，再将溶于水的减水剂倒入搅拌机中，搅拌 3min 出料。水泥浆出料后应立即泵送，否则要不停地搅拌。对未及时使用而降低了流动性的水泥浆，严禁采用增加水的办法来增加灰浆的流动性。

(4) 吸浆

将水泥浆加到储浆罐中引入灌浆泵，在灌浆泵高压橡胶管出口打出浆体，待这些浆体浓度与灌浆泵中的浓度一样时，关掉灌浆泵，将高压橡胶管端接到孔道的灌浆管上。关闭灌浆阀，启动真空泵，当真空值达到并维持在 $-0.08 \sim -0.06$ MPa 值时，打开灌浆阀，启动灌浆泵，开始灌浆，灌浆过程中，真空泵保持连续工作。

待抽真空端的透明塑料管内有浆体经过时，关闭真空机前端的真空阀，关闭真空机，水泥浆会自动从止回排气阀中顺畅流出，且稠度与灌入的浆体相当时，关闭抽真空端的阀门。

(5) 真空辅助压浆施工注意事项

采用螺杆式压浆泵，压浆连续，压力和浆体流量脉动小，不会导致空气混入孔道，克服了采用挤压式和柱塞泵式压浆不连续、容易进入空气、极易造成孔道压浆不饱满的情况。

灌浆管应选用牢固结实的高强橡胶管，抗压能力大于等于 1MPa，灌浆受压时不能破裂，连接要牢固，不得脱管。严格掌握水泥浆的配合比，浆体材料误差不能超过规定值。

灌浆工作宜在浆液流动性没有下降的 30~45min 时间内进行，孔道一次灌注要连续。中途换管道时间内，继续启动灌浆泵，让浆体循环流动。

压浆完成后及时进行封锚，封锚混凝土应符合设计要求。

9. 支架拆除

在张拉完成，且混凝土强度达到设计要求后，方可拆除支架当设计无要求时，除相关专业验收标准有特殊规定外，验收应符合表 6.3-1 的规定。支架拆除应编制支架拆除作业指导书并进行交底，支架拆除应对称、少量、多次、逐渐完成，每孔从梁跨中间向两端均匀落架，直至底模与梁底分开。

拆除承重模板时混凝土强度要求　　　　表 6.3-1

序号	结构类型	结构跨度（m）	达到混凝土设计强度标准值的百分率（%）
1	板、拱	<2	≥50
		2~8	≥75
		>8	≥100
2	梁	≤8	≥75
		>8	≥100
3	悬臂梁（板）	≤2	≥75
		>2	≥100

6.4　移动模架逐孔现浇梁施工关键技术

6.4.1　技术概况

移动模架现浇梁施工是指采用移动式桁架为主要支承结构的整体模板支架，现场一次完成一跨梁体全断面混凝土浇筑并施加预应力后，将整孔移动式桁架及模板推移至下一孔，再进行下一孔梁体施工，如此重复，逐跨推进，直至完成桥梁施工。移动模架是梁体混凝土的直接支承体系，既是施工平台，又是箱梁混凝土的模具。移动模架主要由主梁导梁系统、吊架支承系统、模板系统、移位调整系统、液压电气系统及辅助设施等部分组成。

移动模架现浇施工的特点为：（1）施工周期短，机械化程度高；（2）移动模架工厂化施工，标准化作业，梁体整体性好，有利于工程质量和安全控制；（3）移动模架主梁箱形结构承载能力强，抗弯刚度大，预拱度便于控制；（4）施工设备可重复利用，经济合理，适用范围广；（5）施工时受力与运营时受力一致，不需要增加施工受力钢筋，减少了建材消耗；（6）施工不受河流、道路、桥下净空等条件影响、安全性高；

(7) 施工占地少，对环境的影响和污染少，有利于文明施工；(8) 有利于各种地下管线及桥梁上部结构交叉施工，节省工期，且可设置防雨、防寒、防晒的顶棚围护措施，可保证施工期间不受天气的影响，也有利于掌握工期。

6.4.2 适用范围

移动模架逐孔现浇法具有工序简单，施工周期短，施工质量高，成本低廉，受地基条件影响不大，对桥下交通影响小等优点，适用于高架桥梁工程桥位处于强潮、强风等施工条件复杂区域，或桥梁跨数较多、需要跨障碍（如跨越深谷、河流、海滩、铁路、公路、既有结构）、项目周边无预制条件（地面为软弱土层、脚手架或支架基础处理困难）的桥梁。

移动模架根据其承重主梁位置的不同，移动模架又分为上行式、下行式、复合式三种：

1) 上行式移动模架的承重主梁和走行系统在现浇连续梁的上方，承重主梁通过支腿支撑在箱梁顶（后端）和桥墩顶上（前端），模板通过挑梁及吊杆吊挂在承重主梁上。

上行式移动模架的承重主梁和支架在现浇连续梁以上高度较大，因此它的稳定性较下行式相对差一些。上行式移动模架可以纵移和横移，不受墩身和已浇连续梁的影响；上行式移动模架可以在桥头路基上或在已架好的箱梁、已浇好的连续梁上拼装和拆卸，再前移到桥位上。拆卸也可以在桥头路基上或在已架好了的箱梁、已浇好的连续梁上进行，因此适合在高墩、大跨、桥下无法停放大型起重机或水上浮吊的桥梁中使用。施工中对施工场地没有特别的要求，更适合跨线、跨铁、跨水系等桥下净空影响受限的桥梁施工。与下行式和复合式相比，上行式移动模架的设备重量相对较重。

2) 下行式移动模架的承重主梁和走行系统在现浇连续梁的下方，承重主梁和走行系统支撑在预先安装好的、桥墩墩身两侧的钢制牛腿上，模板直接支撑在承重主梁上。下行式移动模架架设在墩身两侧的钢制牛腿上，因此它的稳定性比较好。下行式移动模架纵移时，因受墩身和已浇连续梁的阻挡，需要先解开横梁，将左右两侧的外模板系统包括两侧的半片横梁在钢制牛腿上分别向外横移，避开墩身后才能前移，与上行式和复合式相比较为繁琐；下行式移动模架只能在当前桥位墩身两侧的钢制牛腿上拼装，在最后两孔桥位墩身两侧的钢制牛腿上拆卸，因此在安装孔桥位处和拆卸桥位处桥下应能停放大型起重机或水上浮吊。施工中对施工场地没有特别的要求；因为要在墩身两侧安装牛腿，所以桥墩的高度不能低于6m；若用于跨线桥施工时，对桥下净空可能会有影响。

3) 复合式移动模架的承重主梁和走行系统在现浇连续梁的下方，承重主梁制作成异形现浇连续梁，其两个内侧面是现浇连续梁的侧模，顶面是现浇连续梁翼缘板的底模。钢承重主梁一般支撑在墩顶,走行系统也在墩顶。复合式移动模架虽然也架设在墩顶,但其高度较低,所以它的稳定性比上行式的好一些。复合式移动模架可以纵移和横移,不受墩身和已浇连续梁的影响,移动比下行式更灵活。复合式移动模架可以在桥头路基上或在已架好的箱梁、已浇好的连续梁上拼装,再前移到桥位上;拆卸也可以在桥头路基上或在已架好了的箱梁、已浇好的连续梁上进行,因此更适合在高墩、大跨、桥下无法停放大型起重机或水上浮吊的桥梁中使用。施工中对施工场地没有特别的要求;若用于跨线桥施工时,对桥下净空影响较小。与上行式和下行式相比,复合式移动模架的设备重量最轻。

6.4.3 施工工艺

上行式和下行式移动模架逐孔现浇施工工艺流程图如图 6.4-1 和图 6.4-2 所示。

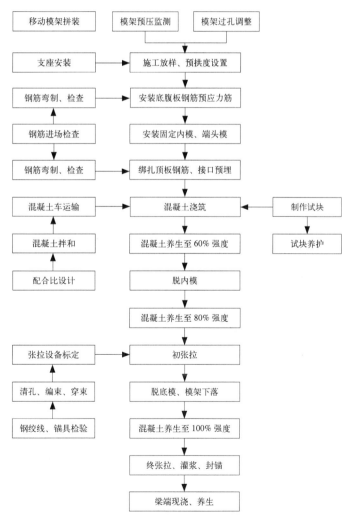

图 6.4-1 上行式移动模架逐孔现浇施工工艺流程图

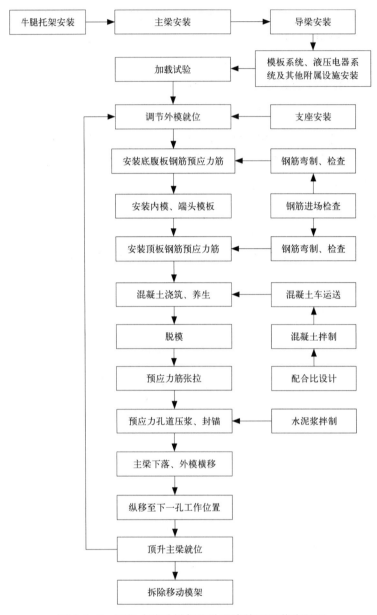

图 6.4-2 下行式移动模架逐孔现浇施工工艺流程图

6.4.4 技术要点

1. 移动模架预压与预拱度设置

移动模架系统拼装完毕后，为检验移动模架各部分结构的承载能力和整体稳定性，消除非弹性变形，因此需进行移动模架预压，观测弹性变形量并将变形数据与理论变形量进行对比，以确定移动模架的预拱度值。

预拱度主要由五部分组成：(1) 混凝土自重产生的挠度值；(2) 由后悬臂吊杆产生的挠度值（浇筑第二孔以后各孔时方考虑此值）；(3) 预应力钢束张拉产生的反拱值，

支点间按抛物线计算;(4)牛腿沉降产生的挠度值;(5)精轧螺纹吊杆伸长产生的挠度值;(6)模架非弹性变形值。

2. 前后两孔接缝处施工

移动模架的底模钢模板与前一孔箱梁的成品混凝土接触,虽用密封条封堵接缝,但在浇筑混凝土时,由于移动模架系统的荷载增加,系统自身的弹性变形发生,移动模架系统中部因设有预拱,不影响底板标高;错台是桁架横梁产生的弹性变形引起的,避免的方法是在混凝土浇筑前,在接缝位置前后两米范围,增加小型机械千斤顶,千斤顶放在横梁上,用千斤顶顶紧底模板下的小桁架横梁,使千斤顶施加一定的作用力,从而让横梁的弹性变形在浇筑混凝土前提前完成。

3. 混凝土施工

在混凝土浇筑时造桥机底模随主梁下绕值较大,为防止梁体混凝土产生拉应力裂纹,灌注混凝土时采用两台泵车由箱梁下坡端向上坡端左右两侧对称灌注。混凝土灌筑总的原则是"先底板、再腹板、最后顶板,从一端到另一端,分层连续灌注成型"。以现浇箱梁为例,其混凝土浇筑顺序如图6.4-3所示。

图6.4-3 混凝土浇筑顺序示意图

混凝土施工要点:

(1)移动模架浇筑混凝土时应对称浇筑,从两端向中间对称浇筑。
(2)浇筑过程中应尽量少使用附着式振动器。
(3)箱梁浇筑为防止内模上浮,可在主梁底部适当增加支撑。
(4)预埋件应设置固定设施,以防止浇筑过程中偏移。
(5)箱梁浇筑前应在下坡端支座设孔,以利于杂物排除。

4. 移动模架监测

移动模架在使用过程中要反复经历行走、合模、承重的过程,在这一过程中,其结构体系、支承条件及承受荷载都不尽相同。同时,移动模架还将受到风、温度等环境因素作用。因此,对于移动模架可分为三种工作状态:(1)行走状态;(2)立模状态;(3)混凝土浇筑状态。

当移动模架处于行走工作状态时,其结构体系是变化的,从行走开始到行走到位要经历带双悬臂的简支、带单悬臂的两跨连续、带双悬臂的简支等体系变化过程;并且由于移动模架在不断移位,移动模架上各支撑点的位置也是在不断变化的。移动模架处于行走状态时的复杂性主要体现在结构体系及支承条件的变化。行走状态时,在移动模架主梁底部将受到摩擦力作用,在移动前的临界时刻是最大静摩擦力,在移动过程中收到的是滑动摩擦力。在该状态下,移动模架的鼻梁处于受力较为不利的状态,须对鼻梁的应力进行监测。

移动模架的立模状态是指移动模架前移到位、合模的状态;立模状态下,移动模架处于空载,不是模架的最不利状态。但立模状态是模架监控的基本状态,在该状态下要进行模架应力及变形的初值测量。

移动模架的混凝土浇筑状态是指在移动模架上浇筑完混凝土、预应力张拉前的状态,浇筑状态下移动模架将承受浇筑跨的钢筋混凝土的全部重量,又因施工位置的不同,其工作状况存在一定差异,如首跨施工、中间跨施工、尾跨施工等。浇筑状态下,移动模架的主梁受力不力,主要表现在两个区域上:最大正弯矩区域、最大剪力区域,须对主梁进行应力监测。

由于移动模架不论其处于何种工作状态,均处于一般的自然条件之下,都不可避免地受到温度、风等自然环境条件的影响,温度、风等的作用同荷载作用一样,同样会引起结构的内力及变形。因此,在各种状态监测分析中,都须考虑自然环境的影响。

基于移动模架工作状态的分析,移动模架安全的监测实际上主要是应力的监测,同时在混凝土浇筑过程中还需进行相关变形的监测。应力监测的主要内容有:

(1) 行走状态移动模架前后鼻梁受力不利构件的应力监测。
(2) 立模状态移动模架鼻梁、主梁等的初始状态测量。
(3) 混凝土浇筑状态移动模架主梁的应力监测。
(4) 混凝土浇筑状态移动模架横梁吊杆系统的应力监测。
(5) 混凝土浇筑状态移动模架支腿反力的监测。
(6) 移动模架在各种状态下环境条件的影响监测。
(7) 移动模架使用过程中,局域区域临时、加密应力测量。

6.5 悬臂浇筑梁施工关键技术

6.5.1 技术概况

悬臂浇筑梁施工(简称悬浇)是将梁体沿桥梁轴线分成若干节段,在桥墩两侧设置工作平台,平衡地逐段向跨中悬臂浇筑混凝土梁体,并逐段施加预应力的施工方法。

6.5.2 适用范围

适用于大跨径预应力混凝土悬臂梁桥、连续梁桥、T形刚构桥、连续刚构桥等，其特点是无须建立落地支架，无须大型起重与运输机具，主要设备是一对能行走的挂篮。挂篮施工较其他方法，具有结构轻、拼制简单方便、无压重等优点。

6.5.3 施工工艺

连续刚构桥悬臂浇筑梁施工流程如图6.5-1所示。

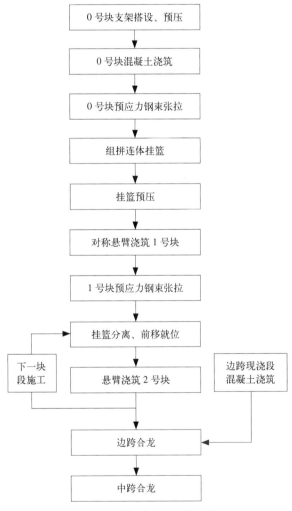

图 6.5-1 连续刚构桥悬臂浇筑梁施工流程图

连续梁桥悬臂浇筑梁施工流程图如图6.5-2所示。

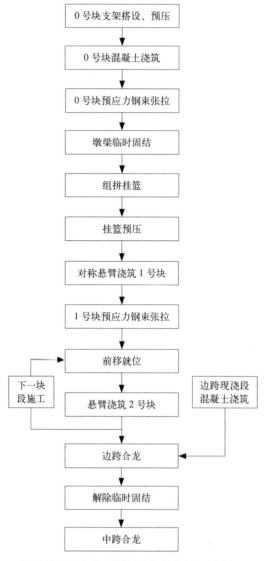

图 6.5-2 连续梁桥悬臂浇筑梁施工流程图

6.5.4 技术要点

以下以连续梁桥悬臂浇筑梁为例介绍技术要点。

1. 0 号块施工

0 号段位于桥墩上方，其混凝土体量大，一般采用现场浇筑，灌注 0 号段相当于给挂篮提供一个安装场地。0 号段的长度依两个挂篮的纵向安装长度而定，有时当 0 号段设计较短时，常将对称的 1 号段灌筑后再安装挂篮，这部分重量可用支架支承，它主要有扇形、门式和斜拉式三种。若墩身较低，可采用置于桥墩基础或地基上的支架；若墩身较高，可在墩中设置预埋支撑支架。支架可采用万能杆件、贝雷梁、型钢等构件拼装，也可采用钢筋混凝土构件作临时支撑。支架总长度视拼装挂篮的需要而定。由于考虑到在支架上浇筑梁段 0 号块混凝土，支架变形对梁体质量影响很大，在作支架设计时，除考虑支架强度要求外，还应考虑支架刚度和整体性；当采用万能杆件、贝雷梁、板梁型钢等做支架时，可采取预压、抛高或调整等措施。

2. 梁墩临时固结措施

对于预应力混凝土连续梁桥和悬臂梁桥，在悬臂施工过程中应设置临时梁墩锚固，使 0 号块梁段能承受两侧悬臂施工时产生的不平衡力矩。临时固结措施或支承措施有下列几种形式。

（1）将 0 号块梁段与桥墩预埋的钢筋或预应力筋临时固结，待需要解除固结时切断。

（2）当桥不高，水又不深且易于搭设临时支架时，采用支架式固结措施，在此情况下，悬臂端所引起的不平衡力矩完全由梁段的自重来保持稳定。

（3）利用临时立柱和预应力筋来锚固上下部结构。预应力筋的下端埋固在基础承台内，上端在箱梁底板上张拉并锚固，使立柱在施工过程中始终受压，维持稳定。

（4）在桥高水深的情况下，也可采用围建在墩身上部的三角形支架作为梁段的临时支撑，并可用沙筒、硫磺水泥砂浆块或混凝土块作为悬臂施工完毕后转换体系时临时支撑的卸落设备。当采用硫磺水泥砂浆块，要采用高温熔化拆除支承时，须在支承块之间设置隔热措施，以免损坏支座部件。

3. 挂篮

（1）挂篮的结构特点

1) 挂篮的组成

主要组成部分：承重结构、悬吊系统、锚固装置、走行系统和工作平台。承重结构是挂篮的主要受力构件，承受施工设备和新浇筑节段混凝土的全部重量，并通过支点和锚固装置将荷载传递到已施工完成的梁身上。

挂篮的走行系统可用轨道或四氟乙烯滑板，牵引动力一般用电动卷扬机，其包括前牵引装置和尾索保护装置。为保证浇筑混凝土时挂篮有足够的抗倾覆稳定性，往往在挂篮尾部设置后锚固，一般通过埋在梁肋内的竖向预应力筋实现，当后锚能力不足时，也可采用尾部压重等措施。

挂篮的主要功能是支撑模板，承受新浇混凝土重量，由工作平台提供张拉、灌浆的场地，调整标高。因此挂篮不仅要求有足够的强度，还要有足够的刚度及稳定性、自重轻、移动灵活、便于调整标高等。

2) 挂篮结构的主要形式及特点

①平行桁架式挂篮

上部结构一般为一等高桁梁；

受力特点：底模平台及侧模支架所承荷重均由前后吊杆垂直传至桁架节点和箱梁

底板上，故又称吊篮式结构，桁架在其后端用压重或锚固或二者兼之来解决倾覆稳定问题，桁架本身为受弯结构。

②平弦无平衡重挂篮

平弦无平衡重挂篮是在平行桁架式挂篮的基础上，取消压重，在主桁架上部增设前后上横桁架，根据需要，其可沿主桁纵向滑移，并在主桁横移时吊住底模平台及侧模架。由于挂篮底部荷重作用在主桁架上的力臂减少，大大减少了倾覆力矩，故不需平衡压重，其主桁后端则通过梁体竖向预应力筋锚固主梁顶板上。

③弓弦式挂篮

弓弦桁架挂篮的主桁架外形似弓形，故认为是从平行桁架式挂篮演变而来，除具有桁高随弯矩大小变化，受力合理的特点，还可在安装时在结构内部预施应力以消除非弹性变形，故也可取消平衡重，所以一般重量较轻。

④菱形挂篮

菱形挂篮可认为是在平行桁架式挂篮的基础上简化而来。上部结构为菱形，前部伸出两伸臂小梁，作为挂篮底模平台和侧模前移的滑道；菱形结构后端锚固于箱梁顶板上，无平衡压重，而且结构简单，故大大减轻自身静荷。

⑤滑动斜拉式挂篮

该挂篮在力学体系方面有较大突破，上部采用斜拉式体系代替梁或桁架式结构的受力，而由此引起的水平分力，通过上下限位装置承受，主梁的纵向倾覆稳定由后端锚固压力维持。其底模平台后端仍吊挂或锚固于箱梁底板之上。

⑥三角形组合梁式挂篮

三角形组合梁挂篮是在平行桁架式挂篮的基础之上，将受弯桁架改为三角形组合梁结构。又由于其斜拉杆的拉力作用，大大降低了主梁的弯矩从而使主梁能采用单构件实体型钢；由于挂篮上部结构轻盈，除尾部锚固外，还需较大压重。其底模平台及侧模支架等的承重传力与平行桁架式挂篮基本相同。

⑦自承式挂篮

自承式挂篮分为两种，一种是模板支承在整体桁架上，桁架用销子和预应力筋挂在已成箱梁的前端角上；灌注混凝土时主梁和走行桁架移至一边，挂篮前行时再安上，吊着空载的模板系统前移。另一种是将侧模制成能承受巨大压力的刚性模板。通过梁上的水平及竖直应力筋拉住模板来承担混凝土重；走行方法与前者相同，由临时起重机悬吊着模板系统前移到下一梁段。这种方法对跨度不是很大的等高箱梁较为适宜。

⑧牵索式挂篮

在斜拉桥的施工中，利用斜拉主索牵挂挂篮，其承重结构不再支承在已灌注梁段顶面，而是悬挂于已成梁段的下面，通过牵索系统将挂篮前端的垂直荷载直接传到斜拉桥的主塔上，这是其最大特点。

(2) 各类挂篮的适用性

挂篮正向轻型方向发展，国内对挂篮所用材料数量常用一个系数即挂篮利用系数来表示：挂篮利用系数 = 浇筑最大梁段混凝土重量 / 挂篮总重。

1) 制式杆件组拼的桁架式挂篮

国内早期挂篮一般使用的是由制式杆件（万能杆件、军用梁等）组拼的桁架式挂篮。由于其自重大，包括压重可达 3000kN，所以其走行系统常用车轮对台车。又因为桁高的约束，各杆件的应力水平较高，随之而来的就是前吊点下挠度大；复杂的空间结构引起的非弹性变形大，使用时需要进行预压以便消除非弹性变形；会增加施工的难度，延误宝贵的工期。并且，此时的挂篮大多使用平衡重，所以这些挂篮利用系数一般较小。

平弦无平衡重挂篮由于主桁上部的上横桁可根据需要沿纵向移动，并在主桁横移时吊住模板系统，故可取消压重，具有一定优点。但由于其并未从根本上克服平行桁架式挂篮机构庞大、自身静荷较大的缺点，应用不是很广泛。

弓弦式挂篮桁高随弯矩大小而变化，受力较合理，而且自重较轻，一次性投入较少；但其缺点是杆件数量多、制作安装都较麻烦，且易丢失。

2) 型钢制造的桁架式挂篮

随着挂篮使用经验的丰富、对其功能认识的深入及对国外经验的学习和借鉴，发展到使用型钢及钢板加工制造挂篮。菱形挂篮和三角形挂篮因结构简单、受力合理和一次移动到位等特点，较受欢迎。这两种挂篮形式近 10 年来得到了广泛应用，同时带动与挂篮施工相适应的桥型设计的发展，如双向预应力、三向预应力技术的应用。这一时期的挂篮主要是无平衡重型的；由于取消了平衡重，挂篮重量大大减轻，其利用系数成倍上升，达到 2.5 ~ 2.9。

3) 斜拉式挂篮

滑动斜拉式挂篮，这是目前利用系数最大的一种挂篮。它改变了垂直吊杆挂篮工作时的前端荷载要通过主桁架的悬臂部分传给已浇梁段而对主桁架的强度、刚度要求高的传力机制，将挂篮工作时的前端荷载通过斜拉杆直接传给已浇梁段，从而降低了对主梁的强度、刚度要求，使主梁悬臂部分的功能变成主要是悬吊空载时的模板系统；减少了材料用量，也就减轻了模板的重量。由于这种挂篮具有用料省、加工简单及对 0 号块的长度要求短等优点，近年应用较多。但是，这种挂篮由于斜拉杆的斜拉力使底模纵梁和主梁中分别存在压力和拉力，因此需要在底纵梁和主梁的尾部设置限位器和限位板，增加了操作上的难度。使用这种挂篮的施工程序比使用垂直吊杆式挂篮稍显复杂，需要在每一个循环中增加安装拆卸斜拉杆、安装拆卸限位器、安装拆卸限位板的工序；而且当跨度和梁高都较大时，由于斜拉杆长度较大，弹性伸长较大，上下限位装置的水平力随之增大，故其应用也受到一定的限制。预应力斜拉式挂篮利用梁部结构本身的预应力束拉紧刚性模板，使临时设施数量大大减少，但因属永久结构和临时结构相结合，需设计、施工，乃至建设单位意见统一方可采用。此外，对于预应力束在锚固系统时的锚下控制张拉力、锚具的可靠度、锚具对预应力束的刻压损失等问题都应综合予以考虑，既能安全地完成悬灌作业，又能保证预应力束在运营期间的耐久性和可靠度。

其他几种挂篮结构形式中，三角形组合梁式挂篮虽然较平行桁架式挂篮轻，但仍需一定的压重，故应用受到一定限制。自承式挂篮的两种形式本质上与预应力斜拉式挂篮区别不大，唯一不同的只是预应力筋采用特殊设计，并配置必要的定位销和钢销。

(3) 拼装挂篮

挂篮运至工地后，应进行试拼，以发现由于制作不精确及运输中发生变形造成的问题，保证正式施工时顺利安装及工程进度。

1）滑动斜拉式挂篮拼装

①0号段施工完毕后，在墩顶帽上顺桥轴线方向两侧安装三角形托架。

②在0号段设简易扒杆吊装挂篮主梁，并用压紧器将主梁锚固在梁体上。在主梁上安装横梁、三角铁、主梁风撑等。注意灌筑1号段时一侧主梁为正常长度，另一侧为接长梁，并与正常主梁栓接成整体，不用后限位器。当滑至2号段时，将一侧的接长梁换为正常主梁并将其尾部用节点板相连，悬灌到3号梁段以后，两挂篮分开并在尾部加后限位器，各自对称独立工作。

③用已安装的主梁吊装底模系统（包括前下横梁及纵梁和底模及外侧模）。底模平台的后下横梁支承在墩身侧面的三角托架上。

④安装两根内侧斜拉带。

⑤安装外侧模，用活动槽钢将外侧模固定在前后下横梁上。安装两根外侧斜拉带。

⑥绑扎1号梁段部分钢筋后，立箱梁内模，绑箱梁顶部钢筋，再用斜拉带调整模型位置。

2）菱形挂篮拼装

菱形挂篮悬臂灌筑时一般从1号或2号段开始，并且两侧挂篮一开始就独立作业。当桥墩不太高时，其杆件一般用较大吨位的汽车起重机直接提升；当桥墩较高或桥下地形不允许，或有较深的水流存在时，可用缆索或浮吊及扒杆等提升。

3）弓弦式挂篮的安装

①先在箱梁腹板顶面铺好木枕、钢轨作为滑道，然后安装弦杆、腹杆、弓弦杆及联系杆件。

②两侧挂篮尾部相互连接，形成一整体桁架。具体连接方式为弦杆采用铰接，弓弦杆采用附设拉杆铰接。

③在0号段外侧模设有滚动轴的桁梁下穿入滑梁，将底模与外侧模间撑拉联系放

松，在自重作用下，脱模于滑梁上，用捯链牵引就位。

④1号梁段箱梁施工完毕后，两挂篮解体，各自移动到位并用捯链在尾部牵引；然后接长弦杆、弧杆，安装后锚梁，此后两挂篮对称独立作业。

4) 三角形组合挂篮的安装

①在0号及1号梁段上安装梁顶滑道，然后安装支座及三角形组合梁，并将其两尾部相连并锚固，配置压重；吊挂相应吊带（杆）。

②将底模平台及侧模支架作为整体起吊，与相应点相连接；后下横梁则用吊杆支承在箱梁底板上。

③将内部顶模吊挂在前后吊杆上。

④从3号梁段开始，两挂篮分开作业，其主梁尾部各安装接长梁，并将主梁后端锚固在箱梁顶面上。

(4) 挂篮的行走

1) 滑动斜拉式挂篮的行走

①用捯链把前下横梁固定在箱梁梁体上，松开斜拉带顶端千斤顶，并拆除斜拉带。

②用压轮器更换主梁压紧器。捯链把主梁系统牵引到下一梁段设计位置，此时侧模滑梁在前上吊杆的带动下，沿侧模支架上的滚筒一起前行。

③用捯链将底模平台吊挂在滑梁上，拆除后下吊杆，将底模平台通过侧模支架落在滑梁滚筒上，并用捯链牵引就位。

④安装斜拉带、后下吊杆、后下限位器等。

⑤将内模落于内模滑梁上，用捯链牵引就位。

2) 菱形挂篮的行走

①用捯链将底模平台吊在外侧模走行梁上，解除后吊带，将其落于滑梁上。

②松开菱形桁架的上锚固，使其后支座反扣在轨道上缘，用千斤顶推或捯链牵引主桁并带动侧模及底模平台沿滑道前行就位。

③将内模落于内走行梁上，用捯链牵引就位。

3) 弓弦式挂篮的行走

①将底模平台及外模用捯链吊挂在箱梁及滑梁上，并松开前吊杆及后锚固。

②用捯链将弓弦桁架沿梁顶滑道牵引就位，此时滑梁同时在前吊杆带动下同步到位。

③将底模平台通过外模支承在滑梁的滚筒上，用捯链将其牵引到位。

④将内模下落在内滑梁上，用捯链牵引到位。

4. 梁段混凝土的灌筑施工

梁段混凝土的悬臂灌筑一般用泵送，坍落度控制在14～18cm，并应随温度变化及运输和浇筑速度作适当调整。

主要注意事项如下：

（1）箱梁各节段混凝土在灌筑前，必须严格检查挂篮中线、挂篮底模标高，纵、横、竖三向预应力束管道，钢筋、锚头、人行道及其他预埋件的位置；认真核对无误后方可灌筑混凝土。其标高中线均误差标准的制订，应较现行规范混凝土梁的灌筑尺寸允许误差扣除模板变形等影响的数字为小。箱梁各节段立模标高＝设计标高＋预拱度＋挂篮满载后自身变形；其中徐变对挠度的影响除作结构电算分析外，有条件时，应做现场徐变试验对比，以使徐变系数的取值更加符合工程实际。此外，后灌筑的梁段应在已施工梁段有关实测记录结果的基础上做适当调整，逐渐消除误差，保证结构线形匀顺。

（2）若能全断面一次灌筑最好，否则应按以下顺序灌筑：

二次灌筑：第一次由底板至腹板下承托，第二次为剩余部分。

三次灌筑：第一次由底板至腹板下承托，第二次由腹板下承托至腹板上承托预应力管道密集处以上，第三次由腹板上承托至顶板。

（3）混凝土浇筑宜从挂篮前端开始，以使挂篮的微小变化大部分实现，从而避免新、旧混凝土间产生裂隙。

（4）各节段预应力束管道在灌筑混凝土前，宜在波纹管内插入硬塑管作衬填，以防管道被压瘪。管道的定位钢筋应用短钢筋做成井字形，并与箱梁钢筋网架妥为固定；定位钢筋网架间距应保持在 0.5～0.8m 左右，以防混凝土振捣过程中波纹管上浮，引起预应力张拉时沿管道法向的分力，轻则产生梁体的内力不合理，重则产生混凝土崩裂，酿成严重事故。

（5）施工时应在挂篮上设风雨篷，避免混凝土因日晒雨淋而影响质量。冬期施工应备保温设施。有条件时，挂篮可以配备能保证全天候作业的设备，以提高作业效率和保证质量。

（6）箱梁混凝土灌筑完毕后，立即用通孔器检查管道，处理因万一漏浆等情况出现的堵管现象。

5. 边跨现浇梁段施工

在支架搭设与预压完成后，根据预压结果调整外模及底模高程，然后开始箱梁钢筋安装；预应力体系在钢筋安装过程中穿插进行。在模板、钢筋与预应力体系均安装完成后，按照先端横梁、后底板、再腹板、最后顶板的顺序浇筑混凝土。若存在端横梁预应力、竖向预应力和梁体横向预应力，在混凝土强度、弹性模量（或龄期）满足设计或《公路桥涵施工技术规范》JTG/T 3650—2020 的要求（二者取高值）后，按照先端横梁、后竖向、再横向的顺序进行张拉施工。张拉完成后，应及时压浆。边跨现浇段无纵向预应力，仅为边跨合龙束预留管道。纵向束安装完成后，应及时用棉絮、海绵等填塞管口，包裹露出管道的钢绞线，防止水、杂物等进入管道和钢绞线受到锈蚀。各工序的施工工艺与 0 号块相同,不再赘述。

6. 梁体合龙与体系转换

(1) 梁体合龙

梁体施工过程从各墩顶段开始至单个 T 构完成后,再将各 T 构拼接而形成整体,这种 T 构的拼接即为合龙。合龙是连续梁、连续刚构施工和体系转换的重要环节,合龙施工必须满足受力状态的设计要求和保持梁体线形,控制合龙段的施工误差。通常多跨连续梁、连续刚构合龙段施工的顺序为先各边跨、再各次边跨、最后为中跨。次边跨和中跨合龙段施工的原则和要求类似边跨合龙施工,中跨合龙段因温差引起的变形变位大,由此产生的应力也大,对合龙临时连续约束的设施亦有更高要求。

1)合龙顺序

根据连续梁结构的不同,其合龙方式和顺序亦不同,由此引起的结构恒载内力不同,体系转换时由徐变引起的内力重分布也不相同。常用的合龙顺序为先边跨后中跨,也可采用由一端向另一端、先中后一等顺序合龙。施工时按设计规定的合龙顺序进行施工。

2)合龙施工工艺

常用的合龙施工工艺有挂篮合龙、吊架与半吊半支等合龙工艺。

① 边跨合龙工艺

边跨合龙段在悬臂端和支架现浇段之间。支架现浇段经预压后是相对稳定的,而悬臂端在温度变化、日照、风力等影响下,会发生轴向伸缩、竖向挠曲及水平向偏移变形。在合龙段预应力筋张拉之前,尤其是混凝土浇筑早期,这些变形可能导致合龙段混凝土开裂,施工工艺应保证合龙段能适应这些变形,避免出现裂缝。

② 中跨合龙工艺

次边跨和中跨合龙在两个悬臂端之间进行,一般采用悬臂施工的挂篮或另设计一套吊架浇筑合龙段。合龙段施工时,不宜引起该段施工的附加应力。吊臂端合龙施工荷载可采用设置水箱注水调整,或采用砂袋配重。

3)合龙技术措施

① 连续梁合龙时墩梁临时固结约束解除

一般情况下,在两侧边跨合龙后,即可解除墩梁临时固结措施,使梁成简支悬臂体系。也有另一种情况,在中跨合龙后再解除墩梁临时固结措施。具体实施时,按照设计要求进行施工。

② 合龙口的临时锁定

a. 内、外劲性骨架锁定措施。这种锁定是在箱梁顶、底板的顶面预埋钢板,将劲性骨架焊接(或栓接)在其上,并在箱梁顶、底板中间纵向设置内刚性支撑共同锁定合龙口。

b. 外（或内）劲性骨架与张拉临时束共同锁定。即除用外（或内）劲性骨架锁定外，还利用永久性的部分预应力束临时张拉，以抵抗降温时产生的收缩变形。

c. 仅设外（或内）劲性骨架锁定。即根据实际受力要求，仅布置外（或内）劲性骨架即可满足要求时，可仅用一种锁定措施。例如边跨若采用膺架法浇筑混凝土时，其合龙口一侧的现浇混凝土长度一般较短，加之低温合龙，以及膺架对边跨的摩阻力作用，往往就可仅用外（或内）劲性骨架即可抵抗升温时的膨胀力。

d. 内撑与张拉临时束共同锁定。

③ 合龙时间及温度的确定

监测并分析气温与梁温的相互关系以确定合龙时间，并为选择合龙段锁定方式提供依据。一般宜在低温合龙，遇夏季应在夜间合龙，使混凝土早期硬化过程中处于升温受压状态。

④ 合龙口的弯曲问题

一般情况下，中跨合龙口两端的悬臂部分长度和截面都基本对称；在合龙的时段内，两端悬臂因箱梁竖向温差产生的合龙口挠度基本相同，合龙口刚性支撑仅承受角变位产生的弯矩。当边跨合龙时，往往一端是现浇梁，另一端是悬臂梁；这时，箱梁竖向温差会使合龙口梁截面产生挠度差和角变位，使合龙段混凝土受弯，此类弯矩一般由外刚性支撑承受。合龙口温差产生弯矩的精确计算较为复杂，多用电算手段分析。需估算时，可假定两侧悬臂部分为悬臂梁用共轭梁法或其他方法，计算出各梁段在自由状态下的挠度和变位角，然后计算刚性支撑所受弯矩，验算其强度。

在上述情况下，合龙口也受剪切作用。工程实践证明，此项剪切力较小，为抗弯而设的刚性支撑可抵抗此剪力，故不需另行考虑。

⑤ 合龙施工要点

a. 合龙施工必须满足受力状态设计要求和保持梁体线形，控制合龙的施工误差。在合龙以前，应对箱梁顶面高程及轴线进行联测，并连续观测气温变化及梁体相对高程的变化和轴线偏移量，观测合龙段在温度影响下的梁体长度变化。连续观测时间不少于48h，观测间隔根据温度变化和梁体构造而定，一般可间隔3h观测一次。

b. 合龙顺序应按照设计要求进行；如设计无要求时，一般是先边跨，再次边跨，最后为中跨。多跨一次合龙时，必须同时均衡对称地合龙。合龙时，临时荷载均要根据设计要求确定。

c. 根据结构情况及梁温的可能变化情况，选定适宜的合龙方式并做力学验算。

d. 选择夜间或日气温较低、温度变化幅度较小时锁定合龙口并浇筑合龙段混凝土。浇筑完成后，时值气温开始上升为宜。注意加强混凝土在浇筑完成后的养护，以防产生早期裂缝。

e. 合龙段长度应按设计规定选择。如设计无明确规定，一般情况下，合龙段长度可在满足施工操作要求的前提下，应尽量缩短，一般为1.5～2.0m。

f. 合龙口的锁定，应迅速、对称进行。先将劲性骨架一端与梁端预埋件焊接（或栓接），而后迅速将另一端与梁连接，临时预应力束也应随之快速张拉。对于连续梁，在合龙口锁定后，立即释放一侧的固结约束，使梁一端在合龙口锁定的连接下能沿支座左右伸缩。

g. 合龙口混凝土强度等级宜比梁体提高一级，宜采用微膨胀混凝土，并须作特殊配合比设计，也可采用纤维混凝土，增加混凝土的抗裂性。

h. 为保证浇筑混凝土过程中，合龙口始终处于稳定状态；必要时浇筑之前可根据设计要求在各悬臂端预加配重，加、卸载均应对称梁轴线进行。

i. 混凝土达到设计要求的强度后，先部分张拉预应力束，然后解除劲性骨架，最后按设计要求张拉全桥剩余预应力束；当利用永久束时，只需按设计顺序将其补拉至设计张拉力即可。

j. 合龙预应力筋的张拉顺序应按照设计的规定，一般为先顶板后底板再腹板，先长束后短束，并对称实施张拉。

k. 为了消除合龙温差引起的水平位移和结构附加的温度应力，在必要时，可以在中跨合龙时对两侧的悬臂梁进行预顶推，顶推力根据设计要求施加。

（2）体系转换

悬臂浇筑过程中，随着处于负弯矩受力状态的独立T构的依次合龙，梁体也依次转化为成桥状态的正负弯矩交替分布形式，梁的结构形式也由静定结构转换为超静定结构，这一转化就是结构连续的体系转换。因此，连续梁从悬浇施工到合龙的过程就是其应力体系转换的过程，也就是悬浇时实行支座临时固结、各T构的合龙、固结的适时解除、预应力的分配以及分批依次张拉的过程。连续梁合龙体系转换时，应注意以下事项：

1）悬臂梁桥和连续梁桥采用悬臂法施工时，为保证施工阶段的稳定，在进行结构体系转换时，一般应先边跨合龙，释放梁墩锚固，结构由双悬臂状态变成单悬臂状态，最后再跨中合龙，成为连续梁受力状态。

2）结构由双悬臂状态转换成单悬臂受力状态时，梁体某些部位的弯矩方向发生转换。所以在拆除梁墩锚固前，应按设计要求，张拉一部分或全部布置在梁体下部的正弯。

3）正弯矩力筋张拉过程中，要有专人观察记录锯齿板后端梁断面的变化，检查是否出现裂纹。

4）连续预应力筋的张拉顺序应按照设计的规定进行，一般为先顶板后底板再腹板，先短束后长束的顺序，并应对称实施张拉。

5）对活动支座需保证解除临时固结后的结构稳定，如有必要，需控制和采用措施限制单悬臂梁发生过大纵向水平位移。

6）在结构体系转换中，临时固结解除后，将梁落于永久支座上，注意观察永久支座的下沉量，同时做好记录，并按高程调整支座高度及反力。支座反力的调整，应以高程控制为主，反力作为校核，检查转换效果。

7）梁墩临时锚固的放松，应均衡对称地进行，保证应力逐渐均匀地释放。在放松前应测量各梁段的高程，在放松过程中，应注意各梁段的高程变化，以确保施工安全。

8）对于转换为超静定的结构，需考虑钢束张拉、支座变形、温度变化等因素引起结构次内力。若按设计要求，需进行内力调整时，应以高程、反力等多因素控制，相互校核。

7. 桥梁监测

箱梁在悬浇施工中，由于受自重、温度、外荷载等因素影响会产生挠度；同时，混凝土自身的收缩、徐变等因素也会产生标高变化，并随着悬臂长度的加大而增加。为了使成桥后的线形达到或接近设计要求，因此必须在悬浇过程中对已浇筑或准备浇筑的梁段各工况的沉降、位移进行监控测量，并随时调整悬浇的立模标高、浇筑后各块段的标高，使最终合龙后标高与设计标高差小于 $L/5000$，并小于 10mm。

6.6 钢箱梁安装关键技术

6.6.1 技术概况

钢箱梁主体采用工厂化预制加工，再利用拖车分段运输至现场，在现场拼装焊接形成整体的施工方法。

6.6.2 适用范围

（1）市政高架、匝道钢箱梁。

特点：等高、通过顶底板厚度改变适应内力、简支钢箱梁梁高约跨度的 1/20，连续钢箱梁梁高约为跨度的 1/25。

（2）大跨度斜拉桥、悬索桥、拱桥加劲梁。

特点：自重小、抗风稳定性好、抗扭刚度好、施工养护方便，抗风要求高。

（3）大跨度连续钢箱梁。

特点：变梁高，横隔板采用实腹式和框架式两种构造，框架中根据断面高低设置"X"或"V"形斜撑。根据受力需要，钢箱梁在不同区段采用不同的横肋布置，底板受力较大的部位，采用框架式横肋；底板受力较小的部位，采用只在顶部加劲的横肋形式。支点处及边跨端部横隔板采用实腹式横隔板。

(4)人行桥钢箱梁。

特点：等梁高，主要由自振频率、景观控制设计。

6.6.3 施工工艺

钢箱梁安装施工工艺流程图如图 6.6-1 所示。

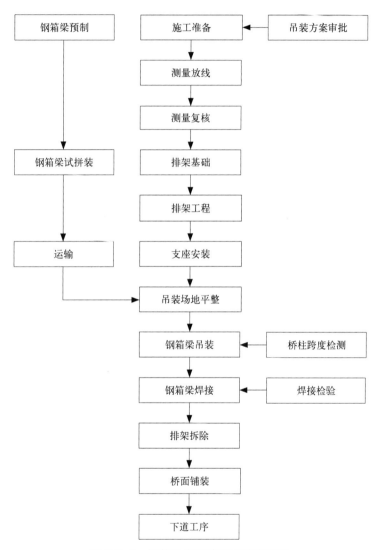

图 6.6-1 钢箱梁安装施工工艺流程图

6.6.4 技术要点

钢箱梁运输、吊装施工难度大、风险高，应选择安全可靠的施工方法进行施工。因此，钢箱梁试拼装完成后经验收合格，按钢箱梁运输方案分段用拖车或炮车运输。运输中应固定牢固，前后限位，防止扭曲变形。钢箱梁正式起吊前应进行试吊，确保满足起吊要求后方可进行下一步工作。整联钢箱梁安装定位经检查确认无误后开始现场焊接工作。根据其弯矩包络图分析判断各个部位受力大小区分清主次。对于跨中节段间接头施焊顺序为"先底板、后顶板、最后腹板",中间支座附近节段间接头施焊顺序则为"先顶板、后底板、最后腹板"。各分段不得两端同时安排施焊,分段之间的焊缝采取从中间向两段对称施焊,减少焊后拘束力,达到减少焊接变形的目的。

1. 钢箱梁运输

(1) 运输实施方案

考虑在钢结构厂加工的钢结构构件特征,以公路运输为主,按照拼装现场急需的构件、配件、工机具等进行配套运输;对于超长、超宽的构件采用拖车运至现场。车辆选择应根据工程实际情况选用牵引车,同时配备与钢箱梁块相匹配的平板车作为载运工具。

(2) 运输安全措施

1) 若运输的部件为超宽超长部件,应上报交警部门审批。

2) 必要时应进行分段道路临时封闭。

3) 梁块装上运输车辆后,梁段与车板间放置枕木或木条防滑;并应根据梁块的外形特征,重心点平稳放置在车板上不得出现单边倾覆现象。放置平稳后合理选择捆扎点,用4个3t捯链捆扎加固,在确认捆扎牢固后,才能起运。梁块装车后进行限高检查,高度不得超过4.5m,并避免前后高低不一致而造成高的一端超过限高高度。

4) 在运行过程中,车辆应保持匀速行进,时速控制在30～60km/h;避免出现车辆急刹,梁段出现前冲现象。由于梁块超长、超宽,宜选择转弯半径大的线路行驶,同时运输车辆的前后应有引路车和监护车随行。为避免交通堵塞可选择夜间车流量较少的时段运行,以保证运输工作顺利进行。

运输前再次对道路进行勘察,确保路线的可通行性。运输车前后安排引导车协助警戒。

2. 钢箱梁吊装

(1) 试吊

1) 试吊前检查

试吊前对起重机各部件进行详细检查,包括传动部分,如发动机、变速箱、轴承等部位有无发热、噪声、振动与漏油等不正常现象,发现问题及时处理。检查各转动部位的润滑情况,注意油温及油量。检查各表计的灵敏度及可靠性、准确性。认真检查钢丝绳状况、安全防护状况等,确保满足吊装要求后方可进行下一步工作。

2) 空载试车

要求对起重机大臂升降、伸展、回转等进行空载试验,观察各部件是否正常,并同时看各仪表、指针是否正常。

3）静载试验

将吊重吊离地面约100cm,静止5min,观察起重机各受力点的变化情况,做好记录。

4）动载试验

将吊重吊离地面约100cm,在6～14m范围和允许的水平转角内做臂杆回转、臂杆变幅、大钩升降等动作,并观察情况并做好记录。

(2) 正式起吊

1）每次吊装前先对起重机、吊具、钢丝绳进行检查,检查没问题后才能开始吊装。

2）预吊梁段一侧现场交通管制做好后,运输车就位。

3）持证的起重指挥人员指挥起重机将梁段起吊,吊离运输车约300mm高度后梁段静置,运输车驶离。

4）起重工检查钢丝绳、索具机具无安全隐患后梁段正式起吊。持证的起重指挥人员指挥起重机垂直将梁段起吊至约高于就位点标高500mm后,起重机主臂缓慢旋转。施工人员在地面通过事先绑扎好的绳索配合起重机拉动梁段,使之不会晃动,并防止卡杆。

5）吊臂回转至安装位置上空,主臂停止回转,梁段通过绳索稳定。施工人员位于立柱盆式支座侧边调整指挥梁段缓慢落下,梁段与基座接触后让起重机维持60%的受力状态并保持稳定。测量工程师测量梁段位置,位置若有偏差则让起重机将梁段吊离约10mm位置;通过绳索、撬杠等工具调整梁段位置后梁段再次下落测量,反复调整至要求位置后梁段正式落位并做临时固定。落位时梁段采用临时支墩做四点支撑,并采用码板与相邻梁段临时焊接固定,应注意控制桥面偏载,保证梁块的侧向稳定性,待梁段放置稳定后起重机落索。

6）吊装过程中操作工人须随时注意起重机吊臂与钢箱梁的间隙,防止卡杆。如有异常立即停止施工,待现场技术员和安全员检查后方可进行下步施工。将钢箱梁缓慢吊至安装位置过程中施工人员时时监控起重机稳定性,并专人检查支腿位置基础情况。

7）吊装时焊接作业平台用跳板铺设在钢管架上,施工人员用登高车上到跳板上,再将安全带扣在钢管架上。

3. 钢箱梁焊接

(1) 工厂焊接

工厂焊接采用减少焊接变形、降低焊后残余应力的焊接工艺来完成组拼工作。工程中钢箱梁多为多跨连续梁结构,按照弯矩包络图分析判断各个部位受力大小区分清主次。对于跨中节段间接头先施焊底板、再焊顶板、后焊腹板。对于中间支座附近节段间接头则先施焊顶板、再焊底板、后焊腹板。组拼时注意对称施焊以达到减小焊接变形的目的。

(2) 现场焊接

整联钢箱梁安装定位经检查确认无误后开始现场焊接工作。根据弯矩包络图分析判断各个部位受力大小区分清主次。对于跨中节段间接头施焊顺序为"先底板、后顶板、最后腹板"，中间支座附近节段间接头施焊顺序则为"先顶板、后底板、最后腹板"。各分段不得两端同时安排施焊，分段之间的焊缝采取从中间向两段对称施焊，减少焊后拘束力达到减少焊接变形的目的。

第 7 章　工程案例

本章展示六个桥梁工程的案例，包括金丽温高速公路、国道310洛三界至豫陕界段南移工程、台州湾大桥、洛阳G310吉利黄河特大桥、兰州元通黄河大桥、孝感白水湖大桥，进行技术的综合应用。

7.1 金丽温高速公路工程

7.1.1 工程概况

金丽温高速公路（图7.1-1）东延线1标，起止桩号MK0+000～MK10+601.4，路线全长10.601km。起于顺接金丽温高速公路，以高架桥形式依次上跨南白象互通及南白象枢纽；沿甬台温高速公路布线至大罗山隧道，设茶山枢纽；向东设置高架桥至大罗山，设瑶溪隧道穿过大罗山；沿环山北路布设高架桥，设置瑶溪互通，终点顺接2标起点大主山隧道。主要施工内容包括路基、桥梁、隧道工程，上部结构均采用预应力混凝土T梁，下部结构采用柱式墩、桩基础。

图7.1-1 金丽温高速公路工程效果图

7.1.2 地质水文概况

项目位于浙江，场区出露前第四纪地层以下白垩统火山碎屑岩类为主，主要分布于大罗山西侧、北侧及该区域平原区下部，大罗山南部及东部、大主山、峰台山分布侵入岩体。平原分布深厚的第四系覆盖层，向山前厚度渐降低，山前斜地分布坡洪积层。

项目桥梁占比大，主线多以大桥、特大桥为主，平原区为连续高架桥。桥址区工程地质条件总体分三类：广阔的海积平原区、山前平原及斜地、山间海积平原。

场区主要分为侵蚀剥蚀丘陵区、山前坡洪积区及平坦广阔的平原区等地貌单位，各单元地下水赋存条件及分布规律具有显著差异。根据含水组地层岩性、地下水的赋存条件、地下水水动力特征，可划分为松散岩类孔隙水、基岩裂隙水两类。松散岩类孔隙水又分为松散岩类孔隙潜水和松散岩类孔隙承压水。

孔隙潜水主要分布于山前沟谷、坡麓及广阔的平原区，主要受岩性、地貌、气象及水因素控制。山前坡洪积地带储水、含水及径流条件好，水量较丰富；海积平原区，颗粒细微，水径流条件差，仅以虫孔、根孔及垂直裂隙作为贮水、透水的空间，水量较贫乏。孔隙潜水直接受大气降水补给，水位随降雨量会有一定的变化。

松散岩类孔隙承压水，分布于海积平原区中下部、下部，岩性为圆砾、卵石等粗粒土夹黏性土，少量呈砂状；卵、砾石含量 50%～90%，砂 10%～30%，黏性土 10%～20%，磨圆度较好，分选性一般。顶板埋深自古河道上游至下游埋深逐渐增大，埋深 40～65m，含水组平均厚度约 32m，近山前由于基底浅，含水层厚度较薄，局部多有缺失。承压水头埋深 0.6～2.0m，动态较稳定。富水性好，单井涌水量可达 2000t/d 以上，少量地段 200t/d，白象至茶山一带该层承压水多缺失。水质较好，赋存大面积的淡水体，向北局部为微咸水。

基岩裂隙水赋存于网状风化裂隙和构造裂隙之中，连通性差，地下水富水性不均一，受构造、地貌、气候及岩性等因素控制，地下水主要接受大气降水补给，一般水量小。

火山碎屑岩区岩体较破碎，节理裂隙发育，延伸较长，多为闭合状；地下水连通性差，多呈线状或脉状分布，无统一的地下水位；地下水的富水性不均一，属弱富水裂隙含水组；构造裂隙水季节性动态变化较大，一般以泉形式沿侵蚀地段线状排泄于地表，泉流量一般小于 0.4L/s。燕山期花岗岩类侵入体节理裂隙较发育，延伸较长，以闭合为主；局部山体陡峻，基岩裸露，植被不发育，难以贮存地下水；在地势平缓地段，风化较强，呈网状裂隙水分布，属弱富水裂隙含水组。地下水水质一般较好，矿化度大于 0.08g/L。据所取裂隙水样，基岩裂隙水化学类型为 $CL \cdot HCO_3 - Ca \cdot Mg$，对混凝土具微腐蚀性，对混凝土结构中的钢筋为微腐蚀性。

7.1.3 工程重难点

1. 嵌岩桩数量多，施工难度大

全线环山而建，地质主要为冲海积平原。桥梁工程位于山脚下，岩层斜面最高达 75°，岩体为高强度花岗岩，最大强度可达 129MPa。高速公路主线路线长 4.113km，标段内共需施工桩基 865 根，其中嵌岩桩 682 根，占比 78.8%。采用传统冲击钻施工情况下，该区域某桩 30d 穿过倾斜岩面，日进尺 2～5cm，施工速度慢。

2. 装配式墩柱、盖梁，拼装误差要求高

本项目瑶溪1、2、3号桥及瑶溪互通主线桥的桥梁下部结构部分为装配式墩柱、盖梁，属于创新型施工工艺。墩柱、盖梁的预制拼装对误差的要求控制达到了毫米级，其吊装单位最大重量更是达到了180t，对质量、安全的管控要求较高。

3. 项目涉路、跨水，组织难度大

项目位于城市主干道环山北路龙永路旁，瑶溪互通主线桥第3、5、13联，瑶溪2号桥第9联周围市政道路多，且人车流量大，瑶溪2号桥第10联跨城市主要河流瑶溪河，施工组织较为困难。

7.1.4 施工关键技术

1. 大斜面高强度基岩旋挖成孔嵌岩桩施工关键技术

旋挖钻机在一般地质及强风化岩层下，采用常规截齿钻头磨削式钻进。钻杆采用摩阻钻杆，由多节钻杆组成，依靠键条之间的摩擦力进行向下施压，加压力相对较小。利用可以伸缩的旋式钻杆在钻具重量、油缸压力及动力头扭矩的共同作用下，将地下土、岩屑装入钻头（筒），再用卷扬机提升取土（岩）成孔。

高强度斜面岩地质条件下，利用可以伸缩的旋式钻杆在钻具重量、油缸压力及动力头扭矩的共同作用下，通过低速旋转掘进，控制钻杆垂直度，将牙轮钻钻头（筒）竖直钻入斜面岩中，当3m的牙轮钻钻头完全钻入岩层后，利用截齿钻中间留芯环切。最后通过钻头在孔底位置交替进行正反转操作，扭断岩芯，再用卷扬机提升取芯钻取岩芯成孔。钻机自动定位，垂直旋孔，具有装机功率大、机动灵活、施工效率高等特点，配合不同钻具，适用于2m以下孔径及各种地质条件的成孔作业。旋挖成孔嵌岩桩施工工艺流程图如图7.1-2所示。

旋挖成孔嵌岩桩关键工序如下：

（1）截齿钻钻进

进入硬质斜面岩层前，采用常规截齿钻头磨削式钻进，截齿钻头直径与桩径相同。钻进中控制泥浆相对密度小于等于1.2，含砂率小于等于2%，黏度为17~23Pa·s。初挖时降低旋挖速度，平稳放斗，慢速提斗，旋挖过程中通过控制盘来监控钻杆垂直度，如有偏差及时纠正。待钻机工作稳定后，控制钻斗升降速度保持在0.75~0.80m/s，避免钻进尺度较大，造成埋钻事故。挖斗、掏取钻渣或停钻时，及时向孔内注浆以保证护筒内的泥浆顶面始终高出孔外水位或地下水位1.0~1.5m，以防止塌孔。截齿钻头的底部为双层底，防止钻杆提升过程中钻斗内钻取的岩石碎块掉入孔中。双层底通过相对旋转一个角度，实现截齿钻头土口的打开与关闭。钻进时进土口为打开状态，取土时，将钻头反转一个角度使进土口关闭，钻头处于完全的封闭状态，保证筒内土体不掉出筒外（图7.1-3）。

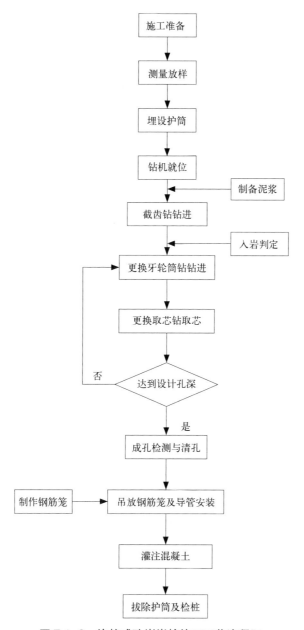

图 7.1-2 旋挖成孔嵌岩桩施工工艺流程图

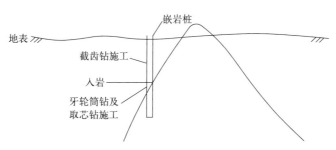

图 7.1-3 多钻头配合旋挖钻钻进施工示意图

(2)更换牙轮筒钻钻进

当钻进困难时,通过取出的样渣判定是否进入坚硬岩层。入岩后立即进行环切取芯式钻进,钻头更换为牙轮筒钻,筒径小于桩径3cm。由于地处山区,岩层为大角度斜面岩,旋挖钻机钻进至高强度斜面岩时,放慢钻进速度至原速度1/4。钻进过程中操作人员随时观察钻杆是否垂直,并通过深度计数器控制钻孔深度,发现垂直度超过1%则立即调直,并量测杆芯位置偏差。

待钻头完全钻进斜面岩以下,将发动机提升至最大功率,使转速达到最大。待岩体入牙轮筒钻内3m,即筒钻满载时,利用筒钻上的钨钢头在孔底滚动,通过牙轮对孔底岩体的滑动碾压切割,将岩层进行中间留芯环切。牙轮筒钻在岩石中钻进时,每隔15min左右将钻头提出岩层,利用孔内泥浆冷却钻头,防止长时间在基岩内钻进温度过高造成烧钻。

(3)更换取芯钻取芯

牙轮筒钻环切完成后钻头更换为取芯钻,取芯钻长为3m,根据操作室深度显示器上的入岩深度,判断钻头完全进入基岩后,操作手停止加压。钻头在孔底位置进行旋转操作,扭断岩芯,再用卷扬机提升取芯,完成一次取芯钻进,所取岩芯长度为2.8~3.2m的底端不规则柱体,循环钻进,直至达到设计孔深。

(4)成孔检测与清孔

1)成孔检测

当成桩深度达到要求后,对孔径、孔深、竖直度进行检查确认。使用超声波成孔检测仪进行检测,把仪器的绞车置于成孔上,使超声波发射兼接收探头对准钻孔的中心;在探头沿钻孔中心线下降过程中,脉冲信号发生器发出一系列电脉冲加在发射换能器的压电体上,压电体将此信号转换成超声波脉冲并发射;超声波脉冲穿过泥浆及钻孔侧壁后部分被反射回来并为接收器所接收,再转换成电信号输往操作仪。依据反射信号的强弱和反射时间差,操作仪在打印纸上实时打印出孔壁曲线。根据图像即可对钻孔成孔质量进行直观的判断。

2)清孔

清孔采用置换泥浆法,注入相对密度和黏度较小的稀泥浆,置换孔内含渣的泥浆,严禁采用加深钻孔深度的方法代替清孔。清孔时沉渣厚度必须满足设计及规范要求,在清孔排渣时,注意保持孔内水头,防止坍孔。

当从孔内排出或抽取的泥浆无2~3mm颗粒,测试值的平均值与注入的净化泥浆相近,泥浆指标达到相对密度1.03~1.10;黏度17~20Pa·s;含砂率小于2%;胶体率大于98%;沉淀厚度不大于设计要求后,停止清孔,拆除钻具,移走钻机。

在钻孔、排渣或因故障停钻时,始终保持孔内具有规定的水位和要求的泥浆相对密度和黏度。

2. 装配式墩柱、盖梁施工关键技术

本项目瑶溪 1、2、3 号桥及瑶溪互通主线桥的桥梁下部结构部分为装配式墩柱、盖梁，属于创新型施工工艺（图 7.1-4）。由于预制拼装工艺对于构件的安装精度要求较高，预制墩柱、盖梁钢筋笼及套装的安装精度需严格控制在 ±2mm 的范围内。

图 7.1-4　预制下部结构安装示意图

（1）预制墩柱

预制墩柱采用直墩柱，单个墩柱断面为矩形加圆弧倒角。采用双墩柱结构形式，预制墩柱混凝土等级为 C40，预制盖梁混凝土等级为 C55，均采用高性能混凝土。预制墩柱、盖梁拼装采用半灌浆套筒连接承台或盖梁的形式，预制墩柱和预制盖梁底部布置套筒，承台预埋筋伸入预制墩柱、柱顶钢筋伸入盖梁连接套筒。现场安装完毕后，进行垂直度及相对位置的调节，调节后的拼接面铺设 2cm 厚且 28d 抗压强度不小于 60MPa 的砂浆垫层，最后对套筒进行灌浆作业（灌浆料采用 28d 抗压强度大于 100MPa 的高强无收缩水泥灌浆料），预制墩柱安装施工工艺流程图如图 7.1-5 所示。

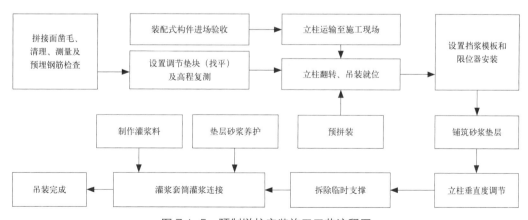

图 7.1-5　预制墩柱安装施工工艺流程图

预制墩柱拼装到位后,使用千斤顶配合经纬仪观测调节墩柱垂直度;定位工装配合全站仪观测调节墩柱平面位置,利用对角线原理检查双墩柱相对位置,完成拼装定位。

墩柱拼装依靠两台全站仪来控制,设置两个观测点。在保证视野范围内,观测点离承台越远,则观测偏差值越小。一个观测点设在横向位置。在承台的横向中线位置延伸到20m以外,打一个木桩,设置一个观测点,架设一台全站仪,观测墩柱拼装的纵向偏差值。另一个观测点设在纵向位置。同样地,在承台的纵向中线位置延伸到20m以外,打一个木桩,设置一个观测点,架设一台全站仪,观测墩柱拼装的横向偏差值。

(2) 预制盖梁

预制盖梁的结构形式分为整幅双向六车道多节段装配式盖梁和半幅单向三车道整体式装配式盖梁两种。整幅双向六车道多节段装配式盖梁:尺寸为33m×3.8m×3.2m,采用横向四节拼装模式,其中两端悬挑段长9.325m;半幅单向三车道整体式装配式盖梁:尺寸为15.36m×1.9m×1.7m,混凝土等级C55。大规模开展预制和拼装前进行实体足尺模型试验。预制盖梁安装施工工艺流程图如图7.1-6所示。

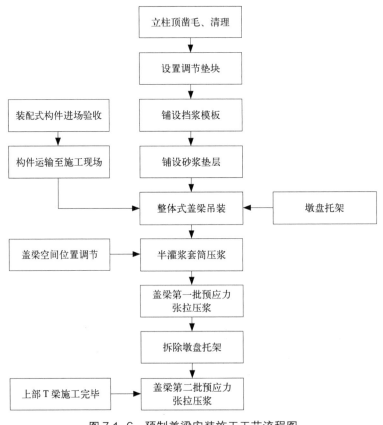

图7.1-6 预制盖梁安装施工工艺流程图

盖梁垂直度偏差不得大于 $H/3000$，且不大于 20mm，同时墩顶截面中心位置与设计位置偏差不得大于 10mm，墩顶高程允许偏差为 ±10mm。坐浆料及灌浆料质量控制参照装配式墩柱施工。对盖梁预制存放期间的变形进行监测，以保证盖梁预制线形以及与墩柱的安装匹配。应严格控制盖梁堆放方向、支承及吊装位置，保证受力模式符合实桥节点支承状态，严防出现裂缝。

7.1.5 应用效果

针对冲海积平原大斜面高强度花岗岩地质条件下桩基成孔倾斜、进尺困难、成本过高等问题，嵌岩桩多钻头配合旋挖成孔施工关键技术实现了冲海积平原嵌岩桩施工机械化快速作业，同时提高了桩基成孔质量，可为类似工程施工提供借鉴。金丽温高速公路东延线工程，施工桩基 128 根，节约成本约 95.87 万元；桩基成孔后，超声波检孔合格率为 100%；桩基成桩后，检测均为 I 类桩，混凝土扩孔系数为 1.08～1.12。因此在冲海积平原山区复杂地质下，大斜面高强度基岩旋挖成孔嵌岩桩施工相比较于一般冲击钻施工，精度更高，进度更快，施工成本更低，具有竞争优势。

7.2 国道 310 洛三界至豫陕界段南移工程

7.2.1 工程概况

国道 310 洛三界至豫陕界段南移新建工程（图 7.2-1）位于河南省三门峡市，连接义马市、渑池县、陕州区及灵宝市，是河南省干线公路网骨架，起着贯通东西的作用。路线总体走向大致为东西方向，东起于国道 310 洛阳境改建段终点，西止于老国道 310 豫陕省界处。

图 7.2-1 国道 310 工程效果图

项目路线全长164.097km，设计时速80km/h，一级公路标准。共有特大桥9706.17m/6座，大桥12919m/40座，中桥394m/5座，涵洞157道；互通式立交5处，分离式立交18处，天桥32座，通道88道；隧道7084m/4座；收费站3处，服务区3处，养护工区3处，桥隧养护管理站1处，隧道泵房及变配电所5处，监控分中心1处。

7.2.2 地质水文概况

根据地质调绘及勘察，在勘察深度内，桥区场地为第四系全更新统（Q_4^{al+pl}）、第四系上更新统（Q_3^{al+pl}）、第四系中更新统（Q_2^{al+pl}）、第三系（N）地层。现将桥位区内地层从上至下分述如下：

第四系全更新统

①₁ 黄土状粉土：黄褐色，稍湿，稍密，土质不均，夹粉黏团块，偶见蜗壳，干强度低，韧性低，无光泽，无摇振反应，局部夹粉质黏土薄层。

第四系上更新统

①₂ 黄土状粉质黏土：黄褐色，可塑，土质不均，偶见蜗壳，干强度低，韧性低，无光泽，无摇振反应，局部夹粉土薄层。

① 黄土状粉土：黄褐色，稍湿，稍密，土质不均，夹粉黏团块，偶见蜗壳，干强度低，韧性低，无光泽，无摇振反应，局部夹粉质黏土薄层。

② 黄土状粉土：褐黄色，稍湿，中密，含白色钙质条纹，夹粉黏团块，偶见蜗壳，干强度低，韧性低，无光泽，无摇振反应。

第四系中更新统

③ 粉土：褐黄色，稍湿，密实，含白色钙质条纹，夹粉黏团块，偶见蜗壳，干强度低，韧性低，无光泽，无摇振反应，局部夹粉质黏土薄层。

③₁ 粉质黏土：黄褐色，硬塑，含铁锰质氧化物，切面稍光，韧性中，干强度中，无摇振反应。

④ 粉质黏土：黄褐色，硬塑，含铁锰质氧化物，切面稍光，韧性中，干强度中，无摇振反应。

④₁ 粉土：黄褐色，稍湿，密实，土质均匀，以粉粒为主，含少量蜗壳碎片，干强度低，无光泽，无摇振反应，手搓砂感低。

⑤ 粉土：褐黄色，稍湿，密实，含白色钙质条纹，夹粉黏团块，干强度低，韧性低，无光泽，无摇振反应，局部夹粉质黏土薄层。

⑤₁ 粉质黏土：黄褐色，硬塑，含铁锰质氧化物，切面稍光，韧性中，干强度中，无摇振反应。

桥位区地基土层干燥，在勘探深度内未见地下水，地下水位埋藏深，且随地形变化，富水性差。地震动峰值加速度0.15g，相当于地震基本烈度Ⅶ级。

7.2.3 工程重难点

1. 湿陷性黄土、裂隙陷穴等不良地质条件桩基础施工

我国黄土地质分布较广的西北地区，存在特殊的湿陷性黄土、裂隙陷穴等不良地质条件，桩基础施工过程中容易出现遇水湿陷、裂隙漏浆、成孔困难、质量稳定性差等问题。

弘农涧特大桥共有桩基 374 根，主墩桩基 288 根，设计桩径有 1.6m、1.8m 两种，桩长由 42~93m 不等，属于摩擦桩，其中 7 号墩至 11 墩桩长超过 90m 为超长桩基。桩基分别穿过黄土质粉土层、卵石层、细砂层、黏土层等多种地层。弘农涧超长桩基从施工平台标高至桩底标高，实际施钻深度达 101m，钻机选型及施工排渣困难。施工中穿透的卵石层、细砂等层护壁困难，容易造成塌孔事故，桩基质量控制难度大。

2. 超高墩施工养护

国道 310 工程最高墩达 126m，特大桥位于河南省三门峡市陕州区境内，地处中纬度内陆区，属暖温带大陆性季风气候。冬季多受蒙古冷高压控制，气候干冷，雨雪稀少，长达 140d 有余。据三门峡气象站历年统计资料，三门峡市 1956 年至 1985 年年平均气温分布情况是河谷川原地带高于中高山地、最高气温 43.2℃（1966 年 6 月 21 日），最低气温 -19.1℃（1955 年 1 月 10 日），给冬期混凝土施工养护带来了巨大的挑战。

3. 高空超重主梁施工

弘农涧特大桥主桥为（87+6×160+87）m，为预应力混凝土连续刚构桥。作为桥梁施工主体，且涉及高空作业等众多安全隐患，施工过程中应作为重点：

（1）0 号块支架设计与安装：弘农涧 0 号块长度 14m，高 10m，主墩高均在 110m 以上。

（2）挂篮设计：挂篮最大浇筑长度为 4.5m，最大节段自重 240.6t（1 号块），挂篮和模板总重按照设计要求控制在 120t 以内。

（3）悬臂浇筑混凝土质量控制。

（4）桥梁合龙施工：需要进行合龙配重及顶推调整内力，以保证成桥内力在设计允许之内。

7.2.4 施工关键技术

1. 裂隙陷穴区预注浆灌注桩施工关键技术

桩基施工前，采用"预注浆法"对湿陷性黄土地区裂隙陷穴地基进行处理。注浆孔成孔深度为施工平台至桩底以下 3m，开孔直径要求 120mm，垂直精度小于 1.5% 注浆孔径。成孔后下入 ϕ20mm 钢管作注浆管，注浆管每节 6m 长度，根据孔深进行合理配置，同一注浆孔内一般按照20～25m高差呈梯形方式均布注浆管，并采用注浆泵逐次对注浆管进行注浆，水泥浆配合比为：水泥（P·O42.5）：水：早强剂：膨胀土＝800kg：1000kg：100kg：50kg；注浆压力为3～4MPa。

桩基施工后，采用"后压浆法"来保证桩基承载力及质量稳定性。具体做法为先在钢筋笼加工时放入注浆管，作为后压浆管道使用；桩侧与桩端竖向注浆管均采用2根直径25mm钢管均匀对称布置，桩侧及桩端环形注浆管为直径20mm钢管，与竖向灌浆管通过20～25mm三通连接，桩端注浆管沿环形注浆管一周均匀布置6个长度200mm左右的金属注浆支管。桩侧注浆管沿环形注浆管一周每隔400mm左右分别向下和向外的出浆口，出浆口直径5mm左右，每个注浆支管内布置止阀，并在金属注浆支管末端沿不同方向设置3个喷浆头，整个后压浆系统底部超出钢筋笼底端200～300mm。为防止灌装时浆液堵塞喷浆口孔眼，在下放压浆管之前，用生胶带、橡胶套等材料将喷浆口及环形注浆管包裹起来，用丝堵将竖向注浆管顶端进行封堵。

黄土地区裂隙陷穴地质条件下桥梁桩基施工工艺流程如图7.2-2所示。

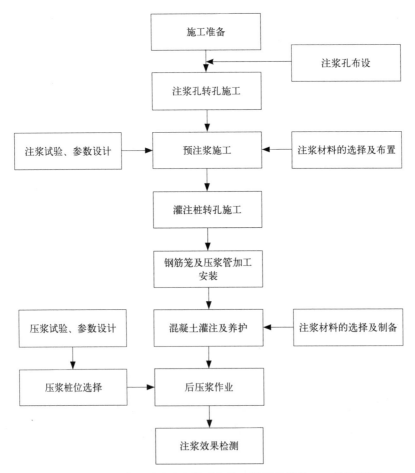

图7.2-2 黄土地区裂隙陷穴地质条件下桥梁桩基施工工艺流程图

(1) 注浆前试验

采取注水试验检查止浆塞的止浆效果,并测定钻孔的吸水量,进一步核实地层的透水性,为注浆选用泵量、泵压和确定浆液的配比提供参考数据。

水泥浆配合比试验:施工前试验室结合现场实际情况对水泥浆配合比进行验证,并经审批实施。

(2) 注入水泥浆

打开注浆阀,先注水约2~3min,使孔隙畅通。然后注水泥浆约3min至正常后,迅速将吸浆龙头放进水泥浆桶,实施注浆。停止灌注时,用清水清洗管路,以预防堵管。

为防止窜浆,实施隔孔注浆,并采用间歇注浆方式,使先注入的浆液初步达到胶结之后再进行注浆,并循环多次注浆,达到规定最小注浆量和注浆压力控制值时结束。注浆管注浆顺序按照注浆管布设示意图自下而上分别注浆,每次间隔30min至2h。

(3) 注浆结束后标准

以注浆压力的终值控制,当注浆压力由小增大,注浆量由大到小,最终达到或接近设计的注浆终压,并维持10min以上。

注浆流量随时间逐渐减少,最终小于1L/(min·m),并维持10min以上。

遇到大"落水洞"时,经过浆液浓度的变换仍达不到终压与注浆量的标准时,采取间歇注浆,待养护24h后复注,以控制设计的注浆量和达到设计终压。

施工过程中需对进出场原材料进行盘点核算,通过计算对比实际材料用量与理论用量的差别,判定注浆效果。

2. 高寒地区高墩冬季爬模蒸汽养护

主桥采用薄壁空心墩,尺寸为双肢3m×8m,墩身高度均在80m以上。根据业主下达的工期、安全、质量等指标综合考虑,高墩冬期不停工施工,现场高墩采用液压爬模方法进行施工,低温季节加大保温措施投入。但传统液压爬模施工工艺在施工速度上较其他工法相比没有明显优势,且其施工配套设施较多,结构复杂,对桥墩混凝土不便于进行同步施工和保温养护。

本工程摒弃传统爬模施工工艺,采用液压自爬模施工工艺,并对模板进行优化设计,采用双层模板(两层模板厚18cm)将整个墩柱进行全封闭,并在外模板内表面喷涂4cm聚氨酯泡沫;蒸汽发生器产生蒸汽通过管道进入双层模板夹层中进行混凝土养护,既能使养护温度达到20℃以上,同时也满足了混凝土养护湿度要求。通过在爬模双层模板之间循环蒸汽等一系列技术施工工艺及操作要点的研发,保证养护温度达到5℃以上,并经工程项目实施,效果显著。

7.2.5 应用效果

1. 裂隙陷穴区预注浆灌注桩施工关键技术

该技术适用于黄土地区裂隙、陷穴地质条件下,各类新建或既有工程钻、挖、冲孔灌注桩及地下连续墙的桩端沉渣(虚土)、桩侧持力层区域泥皮和桩底、桩侧一定范围土体的加固。国道310洛三界至豫陕界段南移新建工程第六项目分部弘农涧特大桥主桥5号、6号墩采用"注浆法"施工技术对桩位处地基及桩侧持力层区域、桩端土体进行注浆加固处理,有效解决了黄土地区裂隙陷穴地质条件下桩基成孔难、质量稳定性差等难题,对桩基施工过程质量、安全管控起到了有利作用,同时提高施工效率。对促进公路桥梁工程发展,推动特殊地质条件下桥梁施工应用具有重大意义。

2. 高寒地区高墩冬季爬模蒸汽养护

(1)可操作性强、保温效果好

1)模板改装快捷,普通爬模模板均采用单层模板,本工法在原有的模板基础上,对模板结构进行优化改进,首先在模板工字木外沿采用15mm厚的木板对整个爬模进行全封闭,并在木板内侧喷射4cm厚的聚氨酯泡沫,并采用泡沫胶对缝隙处进行封堵,顶部采用泡沫保温棉进行全封闭。

2)管道布置简单,管道沿墩柱两侧模板布置蒸汽管道(DN25),直接敷设在模板与外侧木板夹层的底部,工字木低端打孔穿设蒸汽管道,蒸汽管道每50cm设置一个喷蒸汽孔,喷出的水蒸气直接接触模板。热量得到充分有效利用,可使混凝土浇筑前模板温度得到迅速提升,混凝土浇筑后直接对混凝土进行养护。

3)蒸汽装置组装方便,发生装置采用10L的储水桶,水桶外侧采用电热毯包裹;采用两台功率为48kW的电热蒸汽发生器制造蒸汽,连接蒸汽管道;整个发生装置附着在爬模工作平台,随着平台的上升而上升。

(2)安全性高,环保绿色

1)本工法摒弃了使用化石能源的传统蒸汽锅炉和煤球升温,采用更加高效、安全的自动化控制的蒸汽发生器,既满足施工现场冬季禁止明火采暖的要求,同时减少了二氧化碳排放量,大大提高了施工过程中的安全性、环保性。

2)相比传统锅炉体积大、现场要求条件高的缺点,蒸汽发生器具有体积小、电热转化效率高的特点,可直接放置在爬模作业平台,即减少了蒸汽输送过程中的热量损耗,大大提高了蒸汽热量的利用率。

3)同时采用清洁能源,符合国家可持续发展政策,环保绿色,经济社会效益显著。

(3)成本低,经济社会效益显著

1)整个蒸汽养护系统,全部可周转使用,冬期施工结束后蒸汽发生器即可拆卸周转使用,蒸汽传输管路只需拆卸裸露在外侧的模板即可。

2）爬模模板采用新型钢木组合背楞、木面板大模板系统，在施工单位完成施工后，可经改造再次运用于下一个工程。

7.3 台州湾大桥工程

7.3.1 工程概况

浙江省台州湾大桥工程（图7.3-1）是浙江省沿海高速（甬台温高速公路复线）的组成部分，分两个标段施工。第一合同段路线起讫点 K99+000～K131+100，路线全长 32.1km，项目采用 PPP 模式融资及部分路段施工总承包建造。承建路段位于台州市三门县浦坝港境内，起讫点桩号 K119+500～K124+450，全长 4.95km。包含一座特大桥，一座大桥，一道通道，1.745km 路基。其中：

（1）浦坝港特大桥跨越浦坝港，桥位处水面宽约 800m，水深大于 5m。中心桩号为：K121+610.0，起讫点桩号为：K120+184～K123+036，桥梁全长 2852.0m。全桥共 23 联：(5×30+3×(4×30)) 预制 T 梁 +(68+120+68) 连续刚构 +(8×(4×30)+2×(3×30)+3×33+7×(4×30)) 预制 T 梁。主桥采用结构形式为 (68+120+68)m PC 连续刚构，引桥采用 30m、33m 先简支后结构连续 T 梁。桥平面分别位于 R=3300m 左偏圆曲线、缓和曲线、直线和 R=6000m 左偏圆曲线上，纵断面位于 R=10000m 的竖曲线上，墩台均采用径向布置。

（2）小湾大桥中心桩号：K119+905，起讫点桩号为：K119+722～K120+089，桥梁全长 367m，12×30m 装配式预应力混凝土连续 T 梁。

（3）路基段除挖方外其余填方路段均为软基，桥头路段及填高大于 5.5m 采用预应力管桩方案，一般路段填高大于 2m，主要采用水泥搅拌桩。

图 7.3-1　台州湾大桥工程实景图

7.3.2 地质水文概况

项目位于浙江省台州市，区域内主要由低山丘陵及滨海平原组成（图 7.3-2），山脉大体呈北东~南西展布，丘陵标高小于500m，山区沟谷发育，山溪性河流较多，源短流急。滨海平原标高多为3m以下，河网密集，地势平坦，海岸线蜿蜒曲折，海湾深入内陆易形成良港。

图 7.3-2 施工区地形地貌

项目区内河发育，河网密集，沿线经过的主要水系为浦坝港，呈独枝状，流量受降雨量控制，随季节变化明显，水流径流短、流量较小、流程短、排泄快，降雨数天即可注入东海。浦坝港受潮汐影响明显，属半日潮，一昼夜两潮，一般潮高高程约2.8~3.2m，落潮历时大于涨潮历时，潮差大，历史最高潮位达5.52m，是我国强海潮区之一，平原区地表水受海闸及潮位影响，区内水位主要受降水和人工控制，基本无灾害性水患。

区域内地下水主要类型为松散岩类孔隙水、红层孔隙裂隙水、基岩裂隙水。松散岩类孔隙潜水含水层为全新统海积、冲海积的粉细砂、中细砂以及粉质黏土夹薄层粉细砂；全新统、上更新统的冲积、冲洪积以及坡洪积的砂砾石和含黏性土砂砾石层。主要受大气降水和地表河水的补给，松散岩类孔隙承压水含水层为上更新统冲积、冲洪积砂砾石含黏性土含水层，主要赋存于测区的滨海及河口、海湾平原深部。红层孔隙裂隙水主要为构造孔隙裂隙水，主要赋存于白垩系的块状火山碎屑岩夹沉积岩、巨厚层状粗碎屑岩为主，无统一稳定的含水带，地下水赋存于构造孔隙中，其赋水性和埋藏条件严格受构造控制，补给来源主要有松散岩类孔隙水和大气降水。基岩裂隙水分布于工作区内的丘陵区，其含水岩层由巨厚的晚侏罗系火山岩、次火山岩及燕山晚期侵入岩组成，主要分为构造裂隙水、风化带网状裂隙水。

7.3.3 工程重难点

1. 主墩钢围堰施工

钢吊箱围堰是为承台施工而设计的临时阻水结构，其作用是通过钢吊箱围堰的侧板和底板或底板上的封底混凝土围水，为承台施工提供无水的干体作业环境。钢吊箱围堰在受潮汐、暗涌和风浪影响的恶劣海况下，施工安全风险极大，封底混凝土漏水现象、吊箱结构整体失稳等现象频发。与此同时钢吊箱围堰存在用钢量大，施工需大型设备等问题。18号、19号主墩基础位于深水区，施工期受潮汐影响大，围堰变形及止水效果要求较高，钢围堰设计与制造难度大；一次封底混凝土方量较大，质量控制难度较高。

2. 超长大直径桩基施工

主墩桩基共44根，直径2.0m，钻孔深127m，分别穿过淤泥层、黏土层、夹圆砾层的粉质黏土层等多种土层；桩基施工中存在塌孔风险，桩基质量控制难度较大。

7.3.4 关键技术

1. 大潮差海域异形承台钢吊箱围堰技术

本工程利用BIM技术对钢吊箱围堰进行建立模型，指导承台围堰实际施工，通过模型研究桥梁施工过程中施工方案优化、预埋件碰撞检查、围堰面板及型钢下料、工程量计算、形象进度、技术交底等方面的实际应用，有效地指导了吊箱围堰的施工。

根据墩位水深及承台高程，经综合考虑，水中承台均采用钢吊箱围堰（图7.3-3）进行施工。平面设计形状与承台外轮廓一致，围堰平面内腔净尺寸考虑与承台尺寸一致；壁板设计高度根据设计水位及浪高综合确定。

图7.3-3 钢吊箱围堰实景图

首先利用BIM技术对围堰方案进行设计及优化，借助Midas Civil对结构进行受力验算。在受力验算通过后对围堰进行加工，主要借助BIM技术指导围堰面板及型钢的下料，通过自动切割设备进行切割。

在桩基施工完成后，进行检桩，桩基检测合格后拆除钻孔平台。在护筒周围焊接牛腿作为吊箱底板的拼装平台；牛腿焊接完成后，在牛腿上安放工字钢纵梁，在纵梁上部安放横梁；纵横梁安放位置根据设计图纸进行。

利用底板横梁作为底板拼装平台，在其上进行底板拼装。底板在工厂加工后由运输车运至现场，通过起重机进行安装。侧板亦在工厂加工，由运输车运至现场，侧板运至现场后，在墩位处现场拼装，拼装完成通过千斤顶进行下放。

根据护筒位置及现场情况，通过计算合理设置吊点，在保证下放稳定安全的同时，有效地降低了成本。围堰下放采取"多点控制、短距下放"的原则，较传统下放工艺提高了围堰下放的可靠性，减少了围堰扭曲变形及产生附加压力，保证了围堰的下放质量。围堰下放到位后，利用低潮位时焊接护筒周边的放射钢筋，并固定护筒周边堵水钢板。

准备工作就绪后，进行封底混凝土的浇筑，混凝土浇筑时利用涨潮退潮之间的时间差进行，合理安排混凝土浇筑时间点以及混凝土的现场调度。在封底混凝土强度满足要求后，即可拆除吊放系统，进行承台的施工。

封底混凝土施工结合海域潮差大的特点进行设计，通过对混凝土配合比的设计、封底时间的选择以及对现场施工的合理组织，保证混凝土的施工质量，提高混凝土封底的成功率。

钢吊箱围堰施工工艺流程图如图7.3-4所示。

2. 强潮汐区冲海积地质深长桩基施工关键技术

针对东海强潮汐区冲海积地质桥梁桩基桩深较大、常规施工工艺钻进效率低、出渣效果差、成桩质量效果不佳的难题，设计提出大直径超长灌注桩施工关键技术：桩顶15~20m范围设置永久护筒的方式，以保证桩身质量；钻机钻孔过程中利用气举反循环工艺，并根据钻孔深度设置两级风包，使泥浆与气体混合，使混合液以较快的速度向上流动，确保钻渣能快速高效地清理出来，提高悬浮钻渣的效率，提高钻进速度；自动、半自动化机械加工桩基钢筋笼，加强箍筋采用弯弧、焊接、切割一体化自动弯弧机加工，钢筋笼滚焊机采用数控机械化作业，主筋、缠绕筋的间距均匀，钢筋笼直径一致，钢筋笼加工质量较高；配置高性能海工混凝土，使用双掺工艺及高效减水剂，提高混凝土和易性、密实性、氯离子扩散系数等指标。

深长桩基施工工艺流程图如图7.3-5所示。

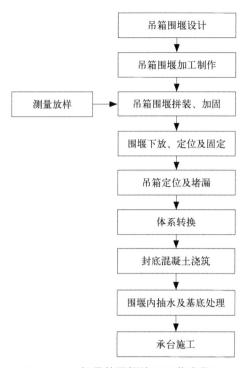

图 7.3-4 钢吊箱围堰施工工艺流程图

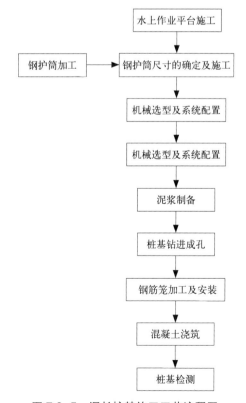

图 7.3-5 深长桩基施工工艺流程图

根据现场条件，通过搭设栈桥到达主墩位置，在主墩处搭设钻孔平台，在平台上进行施工作业。在平台搭设的同时进行护筒打设，护筒采用90型双夹振动锤打设；钢护筒采用永久钢护筒，保证在淤泥质软土中桩基的成桩质量。

护筒埋设完成后，进行测量放样。根据钻机尺寸在平台上放出钻机摆放位置。钻机就位后进行造浆，施工用泥浆采用海水造浆造浆工艺，减少淡水资源的浪费。钻孔过程中利用气举反循环工艺，提高桩基施工的效率。根据点位进行钻机就位，随后进行钻进，钻进时采用空压机向孔内压入空气悬浮钻渣，成孔后利用成孔检测仪进行检孔，保证桩基灌注前成孔的质量。

钻孔的同时进行钢筋笼加工。钢筋连接采用直螺纹连接方式，钢筋通过钢筋套丝机套丝，采用滚焊机加工钢筋笼，提高加工的效率，保证钢筋笼的施工质量。桩基成孔后，进行钢筋笼安装。

桩基采用海工混凝土，提高结构物的耐腐蚀性。二次清孔后进行混凝土灌注，灌注采用大料斗进行首灌，首灌完成后利用小料斗进行正常灌注。

7.3.5 应用效果

1. 大潮差海域异形承台钢吊箱围堰技术

（1）回收利用，绿色环保

结合现场实际情况及桩位布置，通过对底板进行可拆除设计，使底板纵横梁能够拆除，提高了材料的利用率，在节约成本的同时，亦保护了海洋环境，符合绿色施工要求。

（2）模块化设计，通用性强

根据承台尺寸及桩基位置，设计了多个模块，通用模块尺寸有如下几种：5m×2.6m、5m×2.3m、5.6m×2m、2.3m×2.3m，模块化设计便于在工厂批量加工生产。侧板亦在工厂加工，除个别位置外，侧板尺寸及结构形式均一致，通用模块尺寸为2.8m×6.7m，设置通用模块在方便加工、施工的同时，也提高了侧板的利用率，有效降低了施工成本。

（3）干封底作业，提高封底止水效果

封底混凝土浇筑时利用涨潮退潮之间的时间差进行，合理安排混凝土浇筑时间点以及混凝土的现场调度，实现干封底作业。通过干封底作业，保证了封底混凝土的施工质量，减少了工作平台搭设、隔舱板焊接等工作，施工工艺简单、效率高，安全可靠。

（4）应用BIM技术，降低施工成本

基于BIM技术对承台围堰进行建立模型，通过模型研究桥梁施工过程中的施工方案设计及优化、预埋件碰撞检查、围堰面板及型钢下料、工程量计算、形象进度、技术交底等方面的实际应用，有效地指导了吊箱围堰的施工，降低了施工的成本，提高了效率。

2. 强潮汐区冲海积地质深长桩基施工关键技术

项目通过对长护筒的应用、气举反循环应用、钢筋笼自动加工技术的应用、高性能混凝土技术的综合运用，施工安全、质量、进度均得到了保证，有如下优点：

（1）永久钢护筒，保证质量

针对冲海积地区软土地质，通过设置永久护筒的方式保证了，桩顶15～20m范围的桩身质量。使用长护筒，施工工艺简单，很好地适应了软土地质桩基施工，有效提高了桩基成孔质量，经济效益明显。

（2）气举反循环，提高效率

桩基深度较大，常规施工工艺钻进效率低，出渣效果差，钻孔过程中通过利用气举反循环工艺，提高了桩基施工的效率。钻孔过程中利用气举反循环工艺，在桩基施工中，根据钻孔深度的不同分别设置两级风包，使泥浆与气体混合，由于混合液的密度小于泥浆的密度，混合液以较快的速度向上流动，使钻渣能够更快更高效地清理出来，有效提高了悬浮钻渣的效率。

（3）采用自动半自动化设备，降低成本

钢筋笼加工采用自动、半自动化机械，桩基加强箍筋采用自动弯弧机进行加工，弯弧机为弯弧、焊接、切割一体化加工，施工工艺简单，可单人操作，加工效率高，成品质量好。钢筋笼滚焊机采用的是数控机械化作业，主筋、缠绕筋的间距均匀，钢筋笼直径一致，钢筋笼加工质量较高。通过采用钢筋笼滚焊机，有效提高了钢筋加工的效率，降低了人工的费用。

（4）海水造浆、循环利用，绿色环保

施工用泥浆采用海水造浆造浆工艺，减少了淡水资源的浪费；泥浆循环利用，提高泥浆利用率，减少了废浆的排放量，更加绿色环保。

7.4 洛阳G310吉利黄河特大桥工程

7.4.1 项目概况

洛阳G310吉利黄河特大桥（图7.4-1）全长2440.12m，桥梁跨径布置为：(55+3×100+70)m预应力混凝土连续梁+2×30m混凝土T构+(70+2×100+70)m预应力混凝土连续梁+2×30m混凝土T构+(70+3×100+55)m预应力混凝土连续梁+7×(4×40)m预应力预制T梁，其中主桥跨越黄河主河槽。主桥下部1号～8号主墩位于黄河河道中、9号～14号主墩位于河漫滩上。主墩承台横桥向长为11.4m、顺桥向长7.4m、厚3.6m。基础采用6根直径1.7m的摩擦灌注桩组成的群桩基础，其中5号墩、9号墩为T构墩，其承台横桥向长10.8m、顺桥向长17m、厚4.2m，基础采用8根直径1.8m的摩擦灌注桩组成的群桩基础，承台均埋置河床之下。为解决1号~8号主墩桩基承台及下部结构施工的需要，同时解决机械设备及材料在桥梁两侧施工区域的调配问题，在黄河特大桥上游修建临时钢栈桥及施工平台，栈桥设计长度975.7m，跨越主河槽漫水断面，在1号~8号主墩承台处设置施工平台。

图7.4-1　洛阳G310吉利黄河特大桥工程效果图

7.4.2　地质水文概况

桥位处上部地层以粉质黏土及粉土为主，局部含粉细砂颗粒及少量卵石，平均厚度1m左右；其下为中密~密状卵石，局部夹有砂类土、黏性土、黏性土薄层，下部为密实状砂类土和硬塑状黏性土，夹有粉砂胶结层。根据河心洲上DZ5地勘钻孔资料揭示：0~2.1m粉砂层、2.1~20m中密卵石层、20~31.5m密实卵石层、31.5~32.6m粉砂层、32.6~49.7m密实卵石层、49.7m以下为粉砂层且局部夹有粉砂胶结层，栈桥、平台基础桩端全部位于中密和密实卵石层中。

桥位处主河道偏向南岸，常水位时水面宽约560m；主河道南侧天然形成一陡坎，北侧有一段路堤，陡坎与路堤相距约900m，该宽度范围为汛期漫水宽度。

7.4.3　工程重难点

1. 钢套箱施工

当土岛表面松软，使钢套箱下沉不均，河底土质软硬不匀、挖土不对称、箱内发生流砂，钢套箱突然下沉，刃脚遇到障碍物顶住而未及时发现、箱内挖除的土堆压在套箱外一侧，钢套箱受压偏移或水流将钢套箱一侧土冲空等原因时，钢套箱易发生倾斜和偏移。

2. T构支撑体系施工难

现浇T构墩位于黄河主河道，水文地质情况极其复杂，汛期泄洪水流冲刷严重，地基表面以下40m深范围内均为极其密实的大粒径卵石地层。T构最大梁高11.5m，端部梁高4.5m，梁底为1.6次抛物线，纵坡最大达44%。单个T构方量为1566m³，混凝土需要一次浇筑至顶腹板结合处，支架局部荷载达到300kN/m²。

7.4.4 施工关键技术

1. 钢套箱围堰

（1）钢套箱施工工艺流程（图7.4-2）

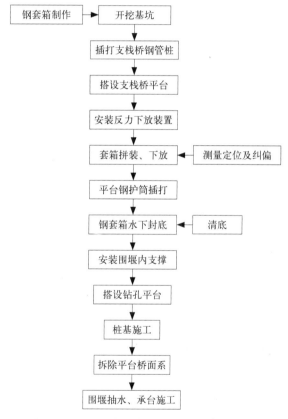

图7.4-2 钢套箱施工工艺流程图

（2）钢套箱的加工制作

钢套箱在岸桥头设置的加工场制作，加工场采用C20混凝土硬化，场地平整。现场搭设彩钢瓦加工棚，施工水、电均接到场地。对进场工人进行交底培训，确保工人操作水平合格。对进场的钢板、型钢、电焊条等材料进行检验，确保原材料合格；对电焊机、切割机、起重机、捯链等设备进行检查，确保机械设备符合施工要求。

对型钢部分按设计图纸下料加工成半成品；然后按结构放样尺寸进行定位，在定位好的简单模具上，把半成品的型钢焊接成骨架，把焊接好的骨架和壁板焊接，单块套箱成型并进行成品检验，合格的板块起吊存放并进行编号。在壁板的加工时，焊接质量是关键的工序；要求焊缝满足设计要求，每条焊缝均进行检查。最后利用现场的起重机将壁板组拼装成沉箱节段；钢套箱的连接均采用焊接，其钢板的拼接采用熔透剖口焊，型钢拼接时其翼缘需要用厚度不小于 10mm 的钢板搭接；焊缝质量按三级焊缝标准，并进行泌水性检查。

（3）钢套箱分节运输

钢套箱组拼装成节后，因体积比较大，运输考虑采用长板车。从加工厂吊装到板车，通过板车运到相应墩位施工场地；然后利用起重机，吊装到定点位上，逐节拼装下沉。

（4）钢套箱的下放

在支栈桥内侧钢管桩焊接牛腿支架作为钢套箱围堰拼装平台，将牛腿支架用水准仪调平后，在横垫梁上放样出钢套箱刃脚外边线的位置。

钢套箱按施工设计图纸在钢结构加工厂制造成单元，经检查验收合格后通过栈桥运输至墩位处，逐片进行拼装；第一片就位后，为防止套箱侧翻，可用焊接支撑将钢套箱单元固定在牛腿支架上，然后逐片拼装直至合龙完毕。底节钢套箱预拼装过程中同时接长支栈桥内侧钢管桩，进行围堰下放支架的施工。围堰提升系统包括承重梁和扁担梁，通过接长支栈桥内侧钢管桩作为提升系统的承重柱，管桩上设置贝雷梁作为液压千斤顶的承重梁，其上放置液压千斤顶，在千斤顶上设置扁担梁。精轧螺纹钢下部和钢套箱吊点连接，上部和扁担梁固定；利用千斤顶对扁担梁的顶升和下落调整钢套箱的高度。底节钢套箱拼装完成后用提升系统吊住底节钢套箱吊点，提升钢套箱，观察 10～15min，待稳定后拆除牛腿支架平台，缓慢下沉底节钢套箱入水自浮。

在底节套箱入水自浮后，拆除提升下沉系统，在套箱两侧对称设置 8 个 10t 捯链固定套箱，然后用 80t 履带起重机在支栈桥上吊装第二节钢套箱单元体组装接高。套箱接高时，要一边拼装，一边调整套箱的平整度，待第二层套箱拼装完毕，即可注水下沉，注水下沉需均匀；当套箱刃脚尖距河床面 50cm 左右即停止灌水下沉，通过钢管桩上设置的限位装置和捯链系统调整，实现套箱的精确定位。

钢围堰的着床定位是施工中重要而关键的工序，直接影响到围堰最终的定位质量。围堰着床前，用全站仪观测调整围堰的倾斜和偏位，直到围堰的坐标与设计坐标基本相符为止；然后立即启动抽水机向隔舱对称注水，使套箱缓慢着床下沉。

钢套箱刃脚下到标高后，潜水员下水对套箱刃脚进行探摸；有缝隙的地方由潜水员在水下对套箱进行堵漏或在套箱外侧抛填砂袋；高出的地方进行清底直至露出刃脚，以保证钢套箱的封底。

单壁钢套箱下放升降装置与双臂钢套箱相同，依靠自身重量实现下沉。钢套箱下沉过程中，要采用多次测量和系统比较的方法确定钢套箱的下沉情况，测定节段基准点的坐标，求得共同性定各轴线偏移即告成、底中心偏移高程、扭角、倾斜等钢套箱观测资料，指导钢套箱接高下沉和纠偏的实施。

(5) 封底及抽水

钢套箱采用水下混凝土封底的方案，防止因干封底而造成管涌、上浮的影响。C25 封底混凝土厚度为 3m，首先采用水下混凝土灌注厚度为 3m，为了防止抽干套箱内水后围堰上浮，在桩基施工完成后方可对套箱内进行抽水，检查补漏后浇筑 50cm 混凝土二次找平层。封底混凝土施工前应仔细量测套箱内河床标高，若发现局部有坑洞，采用长臂挖机进行换填找平处理，确保套箱内河床在统一标高位置。

水下混凝土的灌注采用垂直导管灌注法，封口总的顺序：从钢套箱壁体四周向中央进行封口，从上游侧承台向下游侧浇筑。当一根导管封口完成后进行其相邻导管封口时，先测量待封导管底口处的混凝土顶标高，根据实测重新调整导管底口的高度。封底混凝土施工前，测量人员按每 $10m^2$ 布设一个测点，浇筑混凝土时做好测深记录；同时每根导管封口结束后应及时测量其埋深与流动范围，并做好详细记录。浇筑过程中注意控制每一浇筑点标高及周围 3m 范围内的测点都要测一次，并记录灌注、测量时间。混凝土浇筑临结束时，全面测出混凝土面标高，重点检测导管作用半径相交处、护筒周边，吊箱内侧周边等部位，根据结果对标高偏低的测点附近导管增加浇筑量，力求封底混凝土顶面平整；并保证封底厚度达要求，当所有测点均符合要求后，终止混凝土浇筑，上拔导管，冲洗堆放。

待桩基施工完成后对套箱内进行抽水进行内支撑安装，对套箱内抽水时应观察套箱的稳定性及水位变化情况；当水面降至设计内撑位置以下应立即加设内支撑并停止抽水，待支撑安装好后再继续抽水，直到把套箱内的水抽干。若在抽水过程中发现异常情况，应立即停止抽水，并根据具体情况立即采取补救措施。抽水完成后割除钢护筒、凿除桩头，最后进行承台施工。

2. T 构支撑体系施工

洛阳黄河特大桥为满足抗震需要，设计采用两个（2m×30m）混凝土悬臂 T 构将 14 跨分为三联，悬臂 T 构需要采用支架现浇。

"钢管桩基础+钢管柱+贝雷梁+型钢分配梁+盘扣式钢管支架"的阶梯式复合型支撑体系的采用保证了大荷载强冲刷条件下支撑体系的稳定性，控制了不均匀沉降，为牛腿处裂缝控制提供了保障，相比传统先地基处理后整体搭设支架的施工方法，安全性，经济性均有大幅提高。T 构下和直线段下采用不等高钢管支架，形成了阶梯状，尽量减小上部满膛盘扣支架的高度，提高了整个支撑体系的侧向稳定性并节省了材料。

采用"挖+打+埋"的植桩和打设锚桩相结合的施工工艺，解决了大粒径卵石地质条件下钢管桩不易打设以及汛期水库泄洪水流冲刷严重等难题，满足了钢管桩承载力和入土深度两方面要求，保证了整个架体的承载力和稳定性。

加密测量控制断面，通过0.6m间距盘扣支架和1.2m短方木调整底模线形，较传统直接通过贝雷梁调节的难度大大降低，可操作性强，大曲率底板线形调节质量有保证。

T构混凝土施工工艺流程如图7.4-3所示。

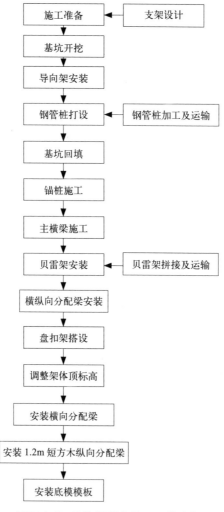

图7.4-3 T构混凝土施工工艺流程

7.4.5 应用效果

1. 钢套箱围堰施工技术

针对大粒径卵石地质问题，洛阳G310吉利黄河特大桥工程采用钢套箱围堰施工技术，有效降低了围堰施工难度，可行性高、操作性强、安全性高、工作效率高。

通过技术的成功运用,使工程总体工期比按照常规"先平台后围堰"的工艺提前28d,大大缩短了总工期,同时为后续钻孔桩施工赢得了宝贵的时间。也为今后类似地质水中钢围堰的设计、施工、监控提供宝贵的施工经验,对促进钢围堰施工在大粒径卵石地质中的应用有重要意义。

2. T构支撑体系施工关键技术

(1) 支撑体系强度高,稳定性好,安全性高

本支撑体系下部采用钢管锚桩,上部采用阶梯式钢管支架,顶部采用承载力较大的盘扣支架,在大荷载强冲刷条件下,长100m复合支撑体系的强度高,稳定性好,不均匀沉降小,安全性能好。

(2) 可操作性强,施工进度快,质量有保证

高密度大粒径卵石地基条件下,钢管桩施工先用挖掘机在桩位处开挖基坑,然后将钢管桩伸入基坑内,用振动锤进行打设直至无法下沉,最后将该基坑回填密实,可操作性强,施工进度较快。上部采用0.6m间距盘扣支架和1.2m短方木调整底板大曲率线形,搭设速度快,方便快捷,线形有保证。

(3) 环保绿色,经济社会效益显著

整个支撑体系,全部可周转使用,通过阶梯式设计,减少了盘扣满堂支架的用量,符合国家可持续发展政策,环保绿色,经济社会效益显著。

7.5 兰州元通黄河大桥工程

7.5.1 工程概况

兰州元通黄河大桥工程(图7.5-1)位于兰州市城关区,北接规划靖远路,南连南滨河路。大桥由北侧引桥和主桥两部分组成,全桥总体布置为(3×20+3×20+29)=149m(北侧引桥)+(80+150+80)=310m(主桥),工程范围内桥梁全长459m。主桥为下承式连续梁拱组合桥,主要由群桩基础、承台、实体墩、减隔震支座、预应力悬浇箱梁、钢管拱组成。北侧引桥为中小跨径预应力混凝土连续箱梁及简支梁桥。主桥主墩承台包括Pm09、Pm10两个水中承台。承台均为矩形;采用C30混凝土,承台垫层均采用100cm厚的C20混凝土。

7.5.2 地质水文资料

黄河兰州段流向自西向东,与线路夹角85°。施工期间,最高常水位1513.5m,流速3m/s,流量2000m³/s;河床面1509.5m左右。

主墩位置地质情况为：

1）卵石，层厚约 2.3~6.2m，一般粒径 3~8cm，最大粒径 40cm，大于 2cm 的颗粒占 60%；分选性太高，透水性强。

2）强风化含砾砂岩，层厚约 3.4~20m，砾石含量 15%~20%，粒径 0.5~2cm，最大粒径 40cm；岩芯较破碎，多为碎块状和 5cm 左右的柱状。

3）中风化含砾砂岩，勘探揭露最大层厚 64.2m，砾石含量 15%~20%，粒径 0.5~2cm，最大粒径 40cm；岩芯多为 20~40cm 左右的柱状。

图 7.5-1　兰州元通黄河大桥工程效果图

7.5.3　工程重难点

1. 大厚度黄土地质，桩基施工难

由于桩底沉渣和桩侧泥皮等固有缺陷的存在，严重影响桩基的承载力和质量稳定性的发挥。如何保证施工质量稳定性，提高灌注桩承载能力，同时相应降低泥浆护壁灌注桩成本，同样是当前建设领域急需解决的问题之一。

2. 承台为水下承台，施工作业复杂

承台尺寸 25.5m×13.8m×4m，承台底面（不含封底混凝土）设计标高为 1503.5m，位于常水位（1513.5m）10m 以下属于深基坑施工。采用何种围堰形式，既能顺利下沉至设计高度，又能实现堵水功能，实现承台干作业，还必须施工迅速，满足河道清理要求，是施工控制的重点之一。

7.5.4 施工关键技术

1. 大厚度黄土地质条件下灌注桩后压浆施工技术

灌注桩后压浆施工工艺原理示意图如图 7.5-2 所示。

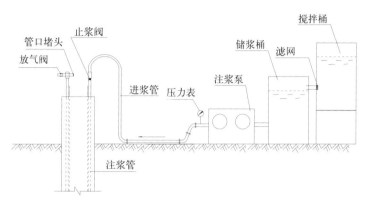

图 7.5-2 灌注桩后压浆施工工艺原理示意图

结合桩基钻孔过程、地质勘探资料、设计文件等确定出桩基持力层长度，作为桩侧环形注浆管的安装位置。根据设计图纸要求，进行钢筋笼的加工与安装，同时将各个竖向注浆管、环形注浆管、三通、止回阀、喷浆头等构件组装起来；施工过程中要求组装到位、严密，避免出现漏浆、漏气等现象。将注浆管绑扎或焊接在钢筋笼四周，并用堵丝将注浆管上口封住，防止异物堵塞压浆管。待验孔通过后，吊装钢筋笼，保证桩端注浆管安装好注浆头等管件。进行桩基混凝土灌注，并做好养护工作。待灌注桩完成 2d 后完成"开塞"工作，即进行压水试验（用清水将压浆管打开，确定压浆管畅通后，再将压浆管口密封，防止异物落入压浆管内）。

灌注桩后压浆施工工艺流程图如图 7.5-3 所示。

（1）桩侧持力层区域压浆管布置

1）确定环形注浆管布置位置

结合桩基钻孔过程、地质勘探资料、设计文件等确定出桩基持力层长度，并在钢筋笼上对持力层上侧 30～50cm 处标记，作为桩侧环形注浆管的安装位置。

2）布置注浆管

结合持力层长度进行桩侧竖向注浆管的加工。桩侧竖向注浆管采用 2 根直径 25mm 钢管均匀对称布置，注浆管上安装有止回阀。压浆直管之间采用螺纹丝扣连接；桩侧环形注浆管为直径 20mm 钢管，布置在钢筋笼外侧标记处，绕钢筋笼一周后与竖向注浆管通过 20mm×25mm 三通进行连接，形成注浆管路系统；环形注浆管一周按间距 40cm 左右交替布置方向分别向外侧、向下侧的出浆口，出浆口直径为 5mm。

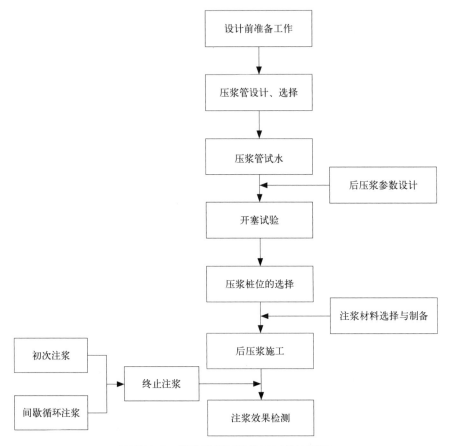

图 7.5-3　灌注桩后压浆施工工艺流程图

3）安装橡胶套、封堵出浆口

将橡胶套沿着环形注浆管外侧紧紧包裹起来（出浆口位置空出），既可以保证钢筋笼运输和下设时不破坏压浆环管，同时环管周边橡胶套和环管一起可避免桩侧浆液上渗至非持力层区域。对出浆口应用适宜的低强度材料或者胶带纸包裹、密封起来，确保设计压力下顺利打开。

4）绑扎、密封压浆管

压浆管与钢筋笼绑扎或焊接固定在一起，并用堵丝将注浆直管上口封住，防止异物堵塞压浆管。压浆直管所有接头应密封，防止由于出现连接质量原因导致注浆管堵塞。

（2）压浆管试水

每节压浆管随钢筋笼下放时应做试水试验，若发现水柱下降或水柱消失，则应检查压浆管是否有砂眼、丝扣连接是否密封。

（3）开塞试验

开塞时间的早晚，对注浆较为关键。能否顺利注浆，控制好注浆时间是重点。开塞压水试验通常在灌注桩成桩后24h内进行，以检查管路与注浆头的畅通状况，同时清除注浆头周围混凝土中沉渣和泥浆。如果在桩侧或桩端出现扩孔、塌孔或充盈系数较大的现象时，需特别注意提前进行开塞压水试验，在混凝土浇筑完的5h内进行，以确保能冲开较厚的混凝土覆盖层。

2. 流沙地质深水低桩承台围堰成套施工技术

连续排桩加壁板的组合式围堰结构适用于黄河丰水期下部结构施工。其由间隔设置的多个内排桩和每两个相邻内排桩之间设置的外排桩构成（图7.5-4），外排桩与其两边的内排桩相切且置于内排桩外侧，内排桩低于外排桩；内排桩顶端设置竖向钢筋混凝土现浇壁板，钢筋混凝土现浇壁板沿基坑内排桩顶部进行连续闭合布置，将内、外排桩连成整体，增强围堰安全、稳定性，围堰内还设有围堰内支撑系统。排桩围堰在水流较大、地质状况差、深基坑等基础工程中使用效果好。

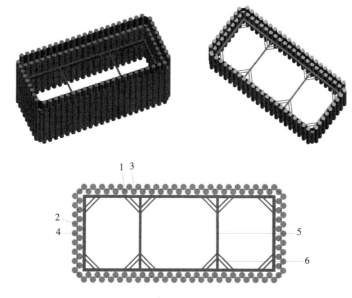

图 7.5-4　组合式围堰平面布置图

1—内排桩；2—外排桩；3—现浇壁板；4—围图；5—围图横撑；6—角撑

（1）围堰设计

连续排桩加壁板组合式围堰设计主要内容包括：桩体材料选择，桩体平面布置及入土深度确定，内支护结构设置及安全监控体系设置等内容。

1）排桩桩体材料的选择

排桩为C30水下混凝土灌注桩，纵向受力钢筋采用HRB335，箍筋采用HPB300。

2）桩体平面布置及入土深度确定

桩体平面布置应明确适当合理的桩径、桩距、桩的平面排列形式及桩的配筋形式。

桩径选择主要由地质条件、基坑深度、支撑形式、支撑间距、允许变形等综合确定，应在工程量、桩基接缝数量、围堰桩平面及纵断面布置等方面综合选择，尽量做到均衡。桩径选择需要满足强度要求，并确定配筋形式。桩的入土深度考虑抗隆起、抗滑移、抗倾覆及整体稳定性。为减小入土深度，尽量减少下道支撑至开挖面的距离，并增强该支撑的刚度。可考虑利用时空效应，及时进行基坑封底兼作底支撑。

①桩体选型

采用桩体刚度折算法计算桩体直径。计算相切排列形式单根桩的弯矩、剪力及位移，按照等效刚度计算桩径应大于0.95m。

②桩距及桩的平面排列形式

连续排桩采用交错相切排列式，即采用前后排单桩相切的形式。为防止偏桩，内排桩内侧距离承台边为20cm，内排桩中心间距控制在2.3m，内外排中心间距为0.34m。内排桩桩顶标高低于外排桩桩顶标高2.0m左右，连续排桩与承台相对位置如图7.5-5所示。

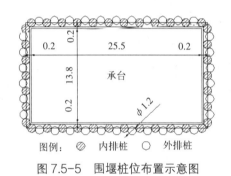

图7.5-5 围堰桩位布置示意图

③排桩入土深度计算

根据地质勘察资料，承台底部进入中风化砂岩，基坑底部无隆起可能，仅需要计算在基底混凝土浇筑之前保证桩侧混凝土不被压溃破坏即可。

④排桩配筋形式

为节约材料用量，外排桩不配设钢筋，为素混凝土桩。内排桩配设钢筋，为钢筋混凝土桩。其中，内排桩采用全对称配筋形式，进入顶部混凝土壁板，并配置箍筋、加强箍筋、导向钢筋等。

3）支护结构设置

支护结构内支撑设置应综合考虑结构安全性能以及方便基坑开挖和承台、墩身施工。

（2）排桩+壁板组合式承台围堰施工方法

黄河地质为回填土层、卵石层、强风化含砾砂岩层、中风化含砾砂岩层，选用冲击钻成孔工艺。

1）连续排桩施工

连续排桩选用冲击钻成孔，导管法灌注水下混凝土。排桩施工顺序为先内排桩后外排桩，内外排桩均采用"跳孔法"施工。

2）围堰壁板施工

内外排连续排桩施工完成后，开始施工围堰壁板。人工配合小挖机沿内排桩内侧开挖基坑土方，壁板土方开挖完毕在外排桩之间即内排桩顶绑扎壁板钢筋，依据实际桩顶标高支护围堰壁板模板，浇筑壁板混凝土。

3）基坑开挖

围堰上层筑岛土方开挖采用挖机配合自卸车进行挖运，基坑开挖时应避免在基坑外围堆载。围堰土方分层分块交替开挖，先机械开挖中间部分，后人工清理开挖四周及支撑下方土方。每层开挖高差控制不超过 1m，防止围堰支撑受力不均匀引发安全隐患。

4）内支撑施工

每一道型钢内支撑安装选择在土方开挖至该道型钢内支撑设计位置以下 0.5m 处时进行。内支撑安装后，用型钢等及时填充内排桩与腰梁之间的孔隙，使每根内排桩与型钢内撑腰梁靠紧，保证内撑体系受力的有效传递。

5）承台施工

浇筑垫层后凿除桩头，然后绑扎承台钢筋及墩身预留钢筋，安装冷却管，立模板浇筑承台混凝土。

6）围堰监测、监控

①水平位移和垂直位移监测

在围堰顶部壁板施工时预埋观测点并标记，便于观测和保护观测点。监测点沿基坑周边布置，基坑每边中部、拐角处变形较大点设置观测点，水平位移观测点兼作垂直位移观测点。

②型钢内支撑内力监控

采用表面应力计对型钢内支撑杆件进行轴力测量。工程实施中实施动态监控。

7.5.5 应用效果

1. 大厚度黄土地质条件下灌注桩后压浆施工技术

采用该技术后，通过浆液劈裂、渗透、胶结等效应，将原本有害的桩端沉渣、桩侧裂隙等缺陷变废为宝，实现资源再利用。通过优化设计参数，充分发挥桩端碎石、沉渣等作用，使桩径、桩长做到相应的减小，相应地节约了钢筋、水泥、砂石等材料的用量，起到良好的节能、环保的效益。

2. 流沙地质深水低桩承台围堰成套施工技术

(1) 采用连续排桩加壁板组合式围堰施工技术,实现了围堰桩基与主桥桩基平行施工,减少了施工工期;在主墩桩基完成15d内就完成了承台围堰的设置和开挖,工期效益显著。

(2) 围堰连续排桩采用冲击钻施工,工艺简单成熟,利于施工作业人员操作,施工质量稳定易控制。与常规方案相比,在避免了沉井、插打钢板桩等特殊机械设备的使用基础上,也避免了水下封底混凝土施工。

(3) 安全性及止水效果好。围堰桩施工穿过厚卵石层,止水效果相当明显,施工期间不仅没有发生管涌、流砂现象,且基坑保证稳定,基坑施工完全实现干作业施工。排桩顶部辅以混凝土壁板可起到增加排桩刚度和防黄河河水冲刷的效果。

(4) 经济效果明显。原设计拟采用80cm厚混凝土沉井,设置3道内支撑和1m厚水下封底混凝土。而采用此方法实际施工中效果明显,封底混凝土实现干作业,封底仅20cm厚,经济效益明显。

7.6 孝感白水湖大桥工程

7.6.1 工程概况

白水湖大桥工程(图7.6-1)位于孝感市临空经济区白水湖大道上,桥梁中心桩号位K1+843.5,跨越白水湖。白水湖大道为新建道路,规划为城市主干道,设计时速为50km/h。白水湖大桥主桥位于直线上,引桥位于道路平面曲线上,其中西侧引桥道路中心线平曲线半径为4000m,东侧引桥道路中心线平曲线半径为1600m。桥梁最大纵坡为2.3%,主桥处竖曲线半径为2200m。

图7.6-1 白水湖大桥工程效果图

白水湖大桥总长为345m，桩号范围为K1+671～K2+016，桥宽为35m。其中主桥采用无背索斜拉桥，跨径组合为100+35=135m，引桥采用30m预应力混凝土简支变连续小箱梁，西侧引桥跨径组合为4×30m=120m，东侧引桥跨径组合为3×30m=90m。白水湖大桥施工场地示意图见图7.6-2。

图7.6-2　施工场地示意图

7.6.2　地质水文资料

根据验证钻地质资料，根据地质时代、成因类型、岩性特征、物理力学指标、钻孔揭露及地质调查共划分为8个层组，层号①～⑧层。其中①～②层为覆盖层，主要为全新统冲洪积物；③～⑧层为基岩，根据其风化程度分为6层。

按照最新地勘报告《大桥主墩（Pm06）场区岩土工程勘察报告（补勘）》提供的地质资料显示，大部分场区基岩由灰岩组成，从钻孔岩心观察均有不同程度的溶蚀现象，主要表现基岩顶面可见溶蚀小裂隙、裂隙面有铁质浸染或方解石结晶，中及中下部分布有大量的溶洞，顶部岩性较破碎。

已探明溶洞的部位主要集中在场区中部、东南部。从垂直方向上分析，溶洞和溶蚀、裂隙主要在基岩面附近发育，岩溶发育程度总体上随深度逐渐减弱。溶洞发育千姿百态，主要以全充填形式出现，充填物主要为黏性土，含少量角砾；黏性土为褐红色，软塑～可塑，角砾成分为灰岩。灰岩场区所施工钻孔36，见溶洞孔为26个（其中ZK28见五层溶洞、ZK28A、ZK28B见四层溶洞），溶洞可见率为72.2%，溶洞总高度为139.1m，岩溶率为34.47%。所见47个溶洞中高度有26个大于2.00m，最大达8.0m（ZK14A），属较大溶洞。从钻探过程中冲洗液的消耗情况观察，部分钻孔有漏水现象，表明场区部分岩溶连通性较好。

7.6.3　工程重难点

1. 溶洞层桩基成孔

白水湖大桥桩基础为钻孔灌注桩基础，根据补勘报告揭示的地层情况，大部分场区基岩由灰岩组成，从钻孔岩心观察均有不同程度的溶蚀现象，根据不同的溶洞规模、溶洞顶板上覆盖层厚度，制定多种成孔方法，并根据各桩位地质情况，在开孔前选定好成孔方法，确保每孔桩均能按照设计要求成桩。

2. 钢塔构件安装

由于钢塔节段重量较大，塔身呈58°倾斜状态，塔式起重机附着对塔身应力影响较大，常规塔式起重机起重量无法满足吊装需求。塔身对接焊缝为斜焊缝，塔身内填充有配重混凝土，钢塔对接调整及斜拉索张拉需在塔外作业。

3. 钢梁和钢塔线形控制

钢梁、钢塔自重、锚索斜拉力及钢梁上部构件重量、气温变化、风力大小均会对钢梁和钢塔线形造成影响。如何在施工时充分考虑这些因素、合理控制梁线形为施工难点。

7.6.4 施工关键技术

1. 多层溶洞超长桩基施工关键技术

对桥梁桩基采用原位超前钻进行地质勘探，勘探结果显示溶洞规模大小不一，多呈"葫芦串"形态，岩层为微风化石灰岩，岩芯抗压强度达92MPa，最大施工桩长达83m。根据现有地勘资料和设计院提出的桩基础施工要求，对于白水湖大桥全桥桩基础采用冲击钻成孔，拟采用以下三种方式进行成孔：

直接冲击成孔：成孔方式采用常规冲击成孔，即采用冲击钻机冲锤冲击钻进，普通泥浆循环配合完成桩基成孔。该方法适用于无溶洞、裂隙等不良地质条件的桩基础成孔。

直接冲击+回填片石、黏土造壁成孔：成孔方式采用冲击钻机冲击钻进，在遇有小型溶洞、裂隙（缓慢漏浆）等情况时，向孔内及时回填片石和黏土，然后用较小冲程冲击钻孔，将片石挤入溶洞或裂隙内形成护壁，再用冲锤继续钻进直至桩端设计高程完成桩基础成孔。该方法适用于引桥有溶洞、有裂隙、有漏浆现象的桩基础施工。

钢护筒跟进成孔：成孔方式采用振动锤将外护筒下沉至溶洞顶板岩层，然后用冲击钻锤冲击穿过溶洞顶板，再振动下沉内护筒至溶洞底板岩面（多层溶洞重复上述过程直至穿过所有溶洞），冲击钻进至桩底标高。该方法适用于主墩溶洞桩基施工（图7.6-3）。

多层溶洞长桩基施工工艺流程图如图7.6-4所示。

（1）制备泥浆：在有溶洞地区进行钻孔灌注桩施工时，不能采用常规的泥浆相对密度进行泥浆护壁；进尺过程中保持较大相对密度的泥浆，在遇到贯通裂隙时可以很好地控制泥浆的流失速度，并对裂隙的封堵具有较好的效果。建议在施工的过程中保持泥浆的相对密度不小于1.4或者采用加强型泥浆。

第 7 章 工程案例

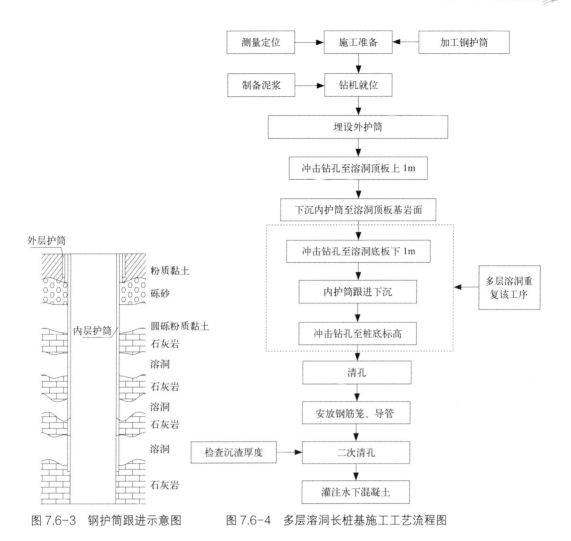

图 7.6-3 钢护筒跟进示意图　　图 7.6-4 多层溶洞长桩基施工工艺流程图

（2）埋设外钢护筒：护筒采用 14mm 厚钢板卷制加工制作，内径大于桩径 30cm；护筒埋设采用挖埋法，坑挖好后，将坑底整平，然后放入护筒；经检查位置正确，筒身竖直后，四周即用黏土回填，分层夯实，并随填随观察护筒，防止填土时护筒位置偏移。护筒埋设时，其顶面高出施工地面 0.3m，护筒顶面中心与设计桩位偏差不大于 1cm，倾斜度不大于 1%。采用护筒顶拉十字线吊垂球与桩位对比进行复核。

（3）下沉内钢护筒：将 $\phi 1.8$m 钻头扩大至 $\phi 1.9$m，正常钻进至溶洞上方约 1m 处；采用 80t 履带起重机辅助振动锤，先将内钢护筒分节打入土层中至岩面，再进行冲击成孔。在下沉钢护筒的施工过程中，振动锤必须平稳，夹头夹在锤帽顶面的平面位置一定要居中，尽可能避免因偏心造成护筒产生偏斜。同时，采用水平尺严格控制好各节护筒连接的垂直度，不得超过施工规范要求的 1/200，力求钢护筒垂直入土。一旦发现有偏斜的趋势，马上进行纠正，将可能发生偏斜的不利因素消除在萌芽状态中。

内护筒沉入岩面后，先采用冲锤进行成孔一定深度后（注：进尺为 1m），及时采用80t履带起重机辅助振动锤将内护筒下沉至进尺岩面标高处；然后再进行冲孔、下内钢护筒；与之循环反复进行冲孔和护筒下沉。同样，在施工过程中严格测量、控制好各节护筒连接的垂直度，不得超过施工规范要求的1/200。

(4) 冲击溶洞顶板岩层

在溶洞顶板区域钻进时，要根据顶板的厚度适时地选择改用小冲程慢速冲进，可以选择距离击穿溶洞顶板还有1m时改用低冲程冲进直至击穿溶洞顶板。冲锤冲破溶洞时，冲锤可能会滑入溶洞中，提锤时易被溶洞顶板岩石卡住而造成埋锤。施工时严禁在溶洞顶板岩层内打松锤，应绷紧钢丝绳，采用小冲程进行低打紧击。击穿溶洞顶板后注意控制不要继续进尺，要利用冲锤反复扫孔使溶洞顶板圆直顺滑，以便内护筒顺利通过溶洞顶板。

2. 钢结构箱梁安装施工技术

(1) 根据拟定的钢结构箱梁安装顺序设计钢箱梁支撑体系，钢箱梁纵梁作为桥梁主要构件，采用贝雷梁纵向布置以支撑纵梁。分配梁定位纵梁及横隔板，枕梁传递贝雷梁上荷载，同时作为落梁支座；钢管桩作为支撑柱，柱间横向设置型钢桁架支撑。钢管柱下设置独立基础，独立基础间辅以纵向条形基础连接，使支撑架纵横向形成整体空间体系。

(2) 钢箱梁根据设计图纸划分成15个节段，每个节段拆分成梁单元、横隔板单元和顶板单元，构件工厂化批量生产，构件组装式施工，便于运输，现场装配安装、焊接施工，方便桥梁线形控制。

3. 钢塔构件安装施工技术

采用动臂式塔式起重机以最大独立高度进行钢塔式起重机装作业。采用"2+1"吊装方法预先调整钢塔节段角度，直接进行钢塔空中对接，减小钢塔节段空中调整姿态的施工难度；采用C形钢作为钢塔焊接作业平台，提前在地面上完成焊接作业平台安装，随钢塔节段整体吊装，既方便工人作业，又能减少平台用钢量，减小钢塔节段重量。

4. 桥梁线形控制及应力监测技术

依据桥梁设计图纸和成桥后的理论线形，通过对施工状态的计算模拟，分步给出施工各阶段构件的安装位置。开展施工后，根据施工监测所得到的结构参数真实值，对原监控模拟计算中的参数进行修正，进行施工阶段结构状态的修正计算，确定出每个钢塔节段修正后的安装位置；并根据施工监测的结果对误差进行分析、预测和对下一安装位置进行调整，使钢结构梁段及桥塔能够保证成桥后线形偏差不大于规定值。通过对控制断面应力、应变及温度等物理量的测量，分析结构各构件在每一施工阶段的实际受力情况及变形情况，使受力状态符合设计要求。通过对梁体及桥塔应力的测量来了解其内部受力情况，确保施工过程结构内力不超载。通过施工过程的数据采集和严格控制，确保结构的安全和稳定，保证结构的受力合理和线形平顺，避免施工差错，尽可能减少调整工作量，为大桥安全顺利建成提供技术保障。

5. 满堂架整体平移施工技术

满堂支架架体整体平移施工技术与传统的施工工艺相比，减少了支架拆除和二次搭设时间，加快施工进度、节省工期、节约管理成本和劳动力成本。同时还能加快材料周转，减少支架、模板、木方等的投入量，节约材料。

满堂支架架体整体平移施工首先要搭设满堂脚手架完成首段浇筑。待上层结构达到架体拆除条件后，依次旋转支架底托螺母收起底托使架体脱离地面；将指定位置底托放置于平板小车上，由平板小车承载整个架体重量，通过固定的捯链牵引平板小车完成满堂支架架体整体平移。

7.6.5 应用效果

1. 多层溶洞超长桩基施工关键技术

通过不同的溶洞规模选择不同的成孔方法，施工效率高，经济效果明显，采用钢护筒跟进的方式，有效地保证了成孔质量和桩基施工质量。

通过第三方检测单位静载试验和自平衡试验检测，桩基承载力均达到设计要求；经第三方检测单位100%超声波检测，Ⅰ类桩数量105根，Ⅱ类桩数量1根，Ⅰ类桩比例99.1%。

2. 钢结构箱梁安装施工技术

通过钢管柱加贝雷梁的支撑体系，充分利用自有材料设计钢箱梁（图7.6-5）安装支撑体系，减少了临时材料的投入，节约了施工成本。通过单元构件加工，减小整体节段的体积，降低了大构件运输成本。通过采用现场拼装焊接的方式，可以及时调整节段安装高程，有效控制了桥梁整体线形。

图 7.6-5　钢箱梁梁体实景图

3. 钢塔构件安装施工技术

选用动臂式塔式起重机，可以在最大独立高度下完成百米高塔节安装，不需设置附着，杜绝了附着力对塔身应力的影响，减小了施工监控的难度。通过"2+1"的吊点设置，利用构件的重心，可以在钢塔节段脱离地面时完成角度转变，利用第三根钢丝绳进行角度微调，解决了在空中进行构件姿态调整的难度。组装式平台采用 C 形钢，材料自重轻，性能好，在满足施工条件的前提下，节省了材料的使用量，全桥共计使用 28 个平台，总用钢量不超过 45t，大大减轻了构件吊装时的起重量，节能经济。钢塔涂装后实景图见图 7.6-6。

图 7.6-6 钢塔涂装后实景图

4. 满堂架整体平移施工技术

满堂支架架体整体平移法与传统的满堂支架搭拆转移的施工方法进行对比，减少了木方、模板在拆除转移过程中的损耗，减少了建筑垃圾的产生，同时新颖的工法技术将加大满堂支架在现浇梁板使用中的选择，并节省工期。施工技术的进步实现的社会效益和环境效益明显。